PROLOGUE

はじめに

財務諸表論の本試験は理論問題50点、計算問題50点となっており、本試験で合格を勝ち取るためには、基本的な会計処理や計算パターンを確実に身に付け計算問題において十分な得点をする必要があります。

また、計算問題では、基本的な会計処理に加えて、集計力や表示の知識も重要になります。

近年の本試験においては、貸借対照表、損益計算書の作成から株主資本等変動計算書や製造原価報告書の作成まで出題範囲は広く、多種多様な形式の出題が考えられます。

この様な本試験で合格するためには、問題への対応力と正確性が必要不可欠となります。

そこで、過去の税理士試験を徹底分析し、財務諸表論を学習されている皆さんに必要最小限の努力で最大限の成果を上げて頂けるように項目を厳選・精査し、本書を作成致しました。

財務諸表論を初めて学習される方だけでなく、以前に財務諸表論の学習経験がある方にも本書に収容されている問題について、何度も繰り返し解答して頂きたいと思います。

この問題集に収録された問題を繰り返し解答し標準時間内にミス無く正確に解答出来る力を養って頂くことで、合格に必要な計算力を身に着けて頂ければと存じます。

本書での問題演習を通じて、計算問題の得点力を高めて頂き、受験生の皆様が「合格」という二文字を勝ちとることを心から祈念してやみません。

なお、本書は2024年５月１日現在の施行法令に基づいて作成しております。

資格の大原　税理士講座

PECULIARITY 本書の特徴

Subject. 1

税理士試験の合格に必要な基礎項目が充実

本書の問題は、過去の試験傾向及び出題実績を徹底分析することにより、学習の進度に応じた税理士試験の合格に必要な基本項目を中心に出題がされています。また、本試験とほぼ同等の形式となっていますので、総合問題形式ならではの解答手順、解答方法を確立することができます。

この問題集の学習項目を習得することにより合格に必要な知識をマスターすることができます。

【簿記論　総合計算問題集（基礎編）の例】

本試験同様の総合問題形式

㈱千代田商事(以下「当社」という。)の下記の資料に基づき解答欄に掲げる決算整理前残高試算表を作成しなさい。(会計期間：X1年４月１日～X2年３月31日)

（資料１）期首試算表

期　首　試　算　表

X1年４月１日　　(単位：円)

現　　　金	1,344,000	支　払　手　形	680,000
当　座　預　金	2,836,000	買　　掛　　金	1,050,000

決算整理前残高試算表

X2年３月31日　　(単位：円)

借方		貸方	
勘定科目	金額	勘定科目	金額
現　　　金		支　払　手　形	
当　座　預　金		買　　掛　　金	

答案用紙も本試験と同じ形式
本番同様の練習が可能！

Subject.2

時間・得点を意識した練習が可能

本書の問題には制限時間が付されていますので、本試験と同様に解答時間を意識した演習を行うことができます。また、模範解答、採点基準及び解説が付されていますので、自己採点により、自己の学習状況を分析し、弱点の把握・強化をすることができます。

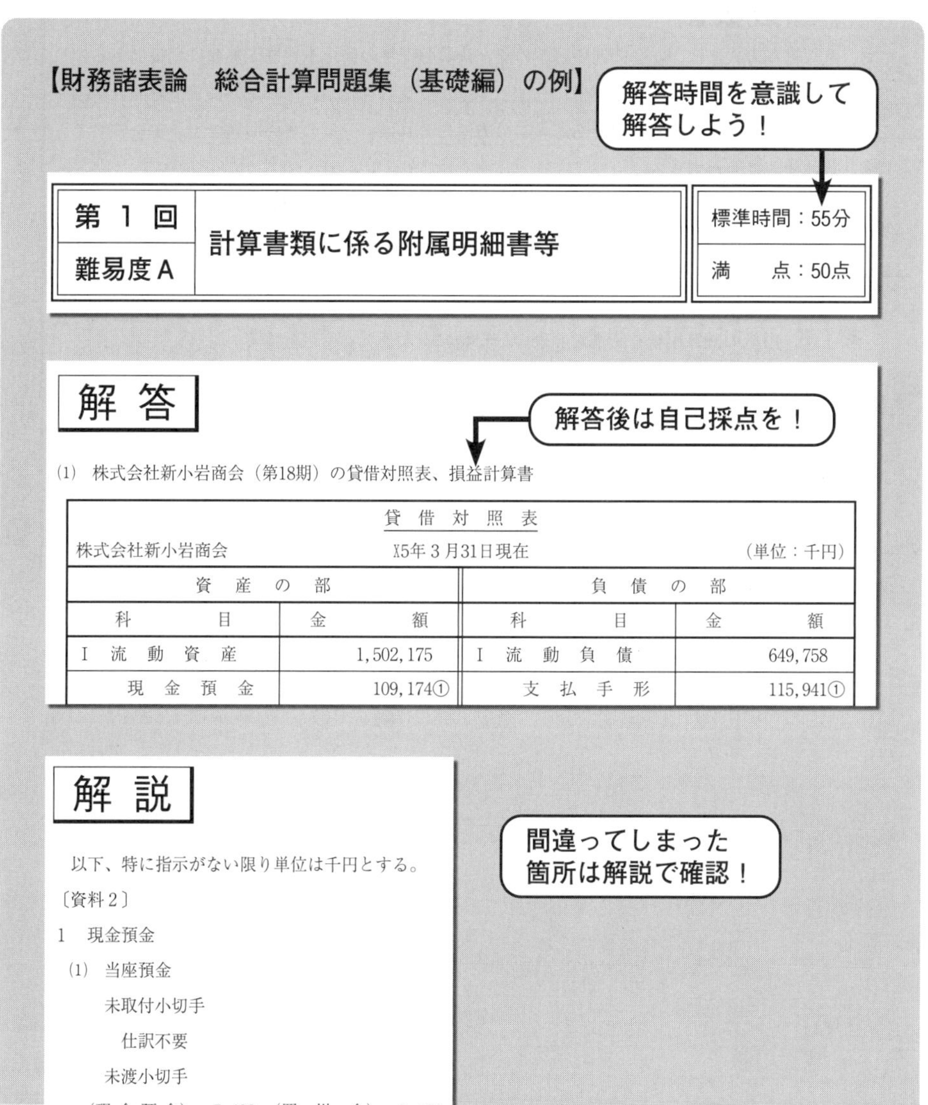

PECULIARITY 本書の特徴

Subject.3

総合問題を解答する際に必要な解き方のテクニックを掲載！

【財務諸表論　総合計算問題集（基礎編）の例】

総合問題の解き方～『仮計算方式』

1．**仮計算方式とは**

仮計算方式とは、総合問題の解答の際、決算整理等の修正を残高試算表に直接加えるのではなく、計算用紙（メモ用紙）を使ってそこで集計を行い、それを基に貸借対照表や損益計算書を完成させる方法である。この方法によれば、分量の多い問題でも正確な答案を作成することができる。

合格に必要なテクニックもバッチリ！

2．**手順**

(1)　貸借対照表

①　白紙の計算用紙を貸借対照表のひな型にあわせて適宜区分する。
②　決算整理前残高試算表の科目及び金額のうち、貸借対照表に関連する科目及び金額を仮計算の適切な区分に転記する。
③　決算整理事項を処理する都度、貸借対照表の作成に必要な項目だけを仮計算に記入する。
④　仮計算を基に、解答用紙に解答を清書する。

Subject.4

総合問題の難易度に応じてランクを明示

ボリューム、形式、金額の算定方法などを基に難易度Ａランク、Ｂランクを付けています。目標点数の目安は下記の通りになります。

目標点数の目安	
Ａランク	41点以上
Ｂランク	36点～40点

Subject.5

新会計基準などを毎年反映

会計基準の改正等に対応していますので、本書に従い学習して頂ければ最新の内容に沿った学習が可能！（2024年５月１日現在）

UTILITY 本書の利用方法

Point.1

効果的な使用方法

STEP.1 A・Bランクの利用方法

難易度によりランク付けをしております。Aランク問題を習得した後に、Bランク問題を習得と順次解答するようにして下さい。

STEP.2 総合問題の解き方の利用方法

問題を解答する前に、まずは巻頭ページに総合問題の解き方の掲載をしていますので確認しましょう。

STEP.3 チェック欄の利用方法

CONTENTSにおいて問題毎に得点と時間の欄を３つ設けています。問題解答後に解答時間と点数を記入することにより計画的な学習、苦手なジャンル、弱点項目の把握が出来ます。

【簿記論　総合計算問題集（基礎編）の例】

解答日や出来をメモしておこう

問題	難易度 時間	出　題　内　容	問題 ページ	解答 ページ	得点／時間 1回	2回	3回
1	A 30分	期中取引の集計による前T/B作成	4	104			
2	A 60分	決算修正による損益勘定、残高勘定作成	8	106			

Point.2

出題内容一覧の利用方法

出題内容一覧には特徴的な項目が明示していますので、３つ以上の苦手項目がある場合や製造業のような業種による苦手問題を優先的に解答することにより、効率的な学習が可能です。

Point.3

解答用紙の利用方法

巻末に「解答用紙」がございますので、Ａ４サイズにコピーしてお使いください。「解答用紙（Ａ４サイズ）」は、資格の大原書籍販売サイト 大原ブックストア内の「解答用紙ＤＬサービス」よりダウンロードすることも可能です。

https://www.o-harabook.jp/
資格の大原書籍販売サイト 大原ブックストア

Point.4

資格の大原書籍販売サイト 大原ブックストアをチェック！

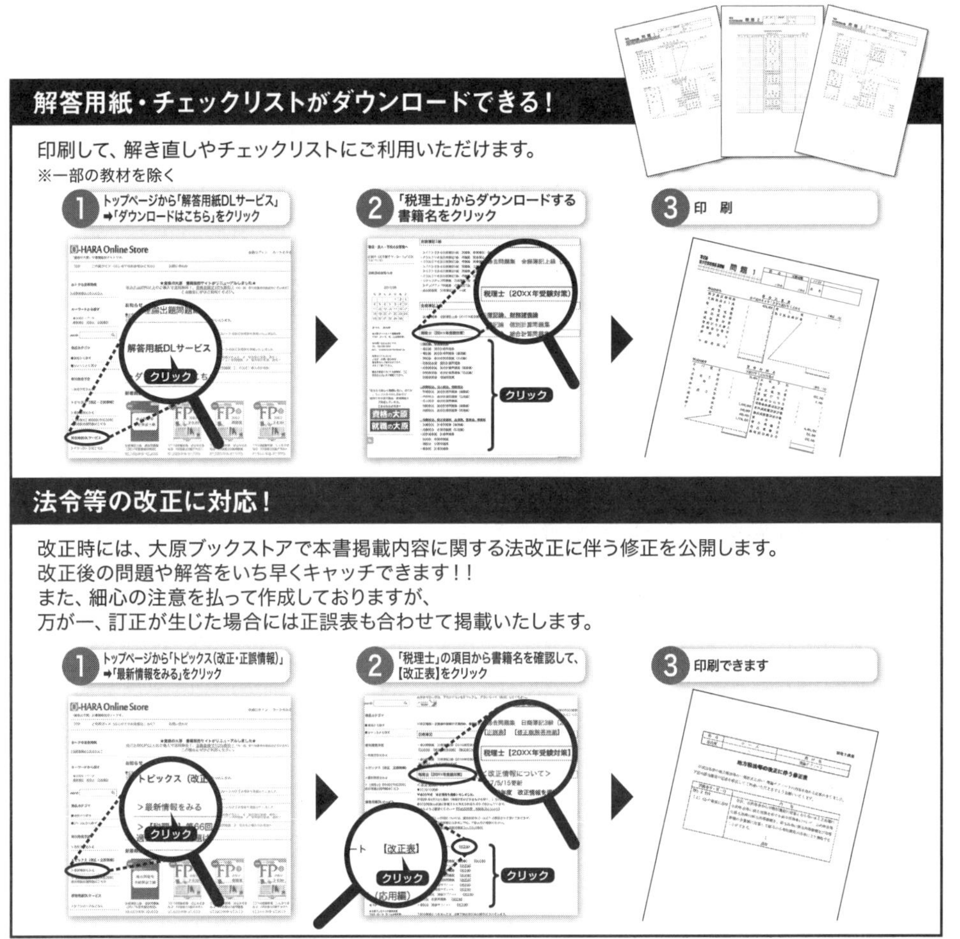

解答用紙・チェックリストがダウンロードできる！
印刷して、解き直しやチェックリストにご利用いただけます。
※一部の教材を除く
1 トップページから「解答用紙DLサービス」➡「ダウンロードはこちら」をクリック
2 「税理士」からダウンロードする書籍名をクリック
3 印 刷
解答用紙DLサービス
クリック
税理士（20XX年受験対策）
クリック
法令等の改正に対応！
改正時には、大原ブックストアで本書掲載内容に関する法改正に伴う修正を公開します。
改正後の問題や解答をいち早くキャッチできます！！
また、細心の注意を払って作成しておりますが、
万が一、訂正が生じた場合には正誤表も合わせて掲載いたします。
1 トップページから「トピックス(改正・正誤情報)」➡「最新情報をみる」をクリック
2 「税理士」の項目から書籍名を確認して、【改正表】をクリック
3 印刷できます
>最新情報をみる
クリック
税理士【20XX年受験対策】
【改正表】
クリック
クリック

総合問題の解き方～『仮計算方式』

1．仮計算方式とは

仮計算方式とは、総合問題の解答の際、決算整理等の修正を残高試算表に直接加えるのではなく、計算用紙（メモ用紙）を使ってそこで集計を行い、それを基に貸借対照表や損益計算書を完成させる方法である。この方法によれば、分量の多い問題でも正確な答案を作成することができる。

2．手順

⑴　貸借対照表

①　白紙の計算用紙を貸借対照表のひな型にあわせて適宜区分する。
②　決算整理前残高試算表の科目及び金額のうち、貸借対照表に関連する科目及び金額を仮計算の適切な区分に転記する。
③　決算整理事項を処理する都度、貸借対照表の作成に必要な項目だけを仮計算に記入する。
④　仮計算を基に、解答用紙に解答を清書する。

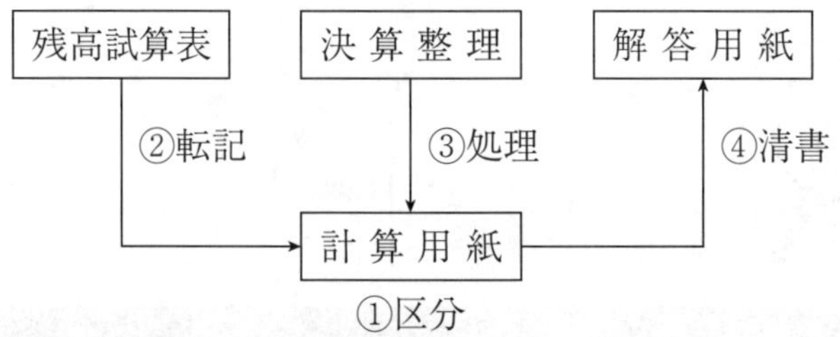

以下、総合問題第１回を例に解説する。

① 白紙の計算用紙を貸借対照表のひな型にあわせて適宜区分する。

留意事項

・ひな型の最小区分をベースに区分する。

・仕訳を想定して、用紙の左側に資産の区分、用紙の右側に負債及び純資産の区分を設ける。

・流動資産及び投資その他の資産の区分は、修正項目が多いためスペースを広めにとるようにする。

・会社名、会計期間や１年基準の判定日（B／Sの流動・固定の分類に用いる)、作成単位なども記入しておく。

〈B／Sの区分例〉

新小岩　　　(X4. 4．1～X5. 3．31)→X6. 3．31　　　(千円)

＜流動資産＞	＜流動負債＞
＜有形固定資産＞	＜固定負債＞
＜無形固定資産＞	＜純資産＞
＜投資その他の資産＞	＜メモ＞
＜繰延資産＞	

② 決算整理前残高試算表の科目及び金額のうち、貸借対照表に関連する科目及び金額を仮計算の適切な区分に転記する。(解答用紙にあらかじめ科目及び金額が記載されているものは、転記する必要はない。)

<u>留意事項</u>

・科目は自分でわかる程度に省略して記入する。(例:「現金及び預金」→「現預」)
・科目と金額はセットで転記する。
・科目は縦に記入する。
・有価証券と棚卸資産は、科目のみ転記する。
・貸付金(借入金)は、いったんすべて流動資産(流動負債)に転記しておく。
・貸倒引当金は、メモ欄に転記しておく。
・繰越利益剰余金は、最終値となるため、転記する必要はない。

決算整理前残高試算表から転記後の仮計算

B/S

新小岩 (X4. 4. 1 ～X5. 3 .31)→X6. 3 .31 (千円)

現　預	176,520	支　手	116,371
受　手	154,300	買　掛	281,560
売　掛	327,730	短　借	141,180
有　証		未払金	4,020
商　品		仮受金	7,700
仮払金	107,700	未　消	22,680
		預り金	12,219
建　物	131,000		
減累			
車　運	23,140		
減累			
器　備	11,420		
減累		長　借	74,319
土　地	214,725	退　引	49,480
		資　本	780,440
		資　準	196,400
		利　準	19,975
		別　積	65,615
		貸　引	3,400

③　決算整理事項を処理する都度、貸借対照表の作成に必要な項目だけを仮計算に記入する。

留意事項

・すでに生じている科目に金額を加算するときは、『＋100』のように記入しておき、減算するときは、『△200』のように記入しておく。後ほど解答用紙に解答を記入する際に計算する。

・新たに科目が生じたときには、空けておいたスペースに科目及び金額を追記する。

・注記事項に該当する事項が出てきた場合には、解答用紙の所定の箇所に直接記入するか、または、問題文に印をつけておく。

決算整理事項を処理した後の仮計算

新小岩　　B/S（X4. 4. 1～X5. 3. 31→X6. 3. 31）　　（千円）

現　預	176,520＋5,400△72,746	支　手	116,371△430
受　手（0.8%）	154,300△430△6,000	買　掛	281,560＋5,400△300
売　掛（0.8%）	327,730＋2,400	短　借	141,180
有　証	48,750	未払金	4,020＋300
商　品	848,000＋22,000	~~仮受金~~	~~7,700△100△5,900△1,700~~
~~仮払金~~	~~107,700△40,200△34,870△30,000△2,630~~	未　消	22,680
未　益	75	預り金	12,219
貸引	3,824	保　債	48
建　物	131,000＋30,000	賞　引	32,000
減累	13,258＋4,716＋540	未　法	61,580△34,870
車　運	23,140	未　費	5,000＋3,000
減累	5,138＋3,150	長　借	74,319
器　備	11,420	退　引	~~49,480△3,000~~　72,080
減累	2,006＋1,336		
土　地	214,725		
		資　本	780,440＋1,000
		資　準	196,400＋1,000
長　預	72,746	利　準	19,975
関　株	7,075＋9,000	別　積	65,615
投　有	7,360		
長　貸	40,200	貸　引	3,400

④　決算整理事項の処理をひととおり行い仮計算への記入が済んだら、その仮計算を基に、解答用紙に解答を清書する。また、注記事項について問題文に印をつけておいた場合には、注記事項についても解答用紙に記入する。

留意事項

・仮計算に記入した金額の加減算（集計）は、解答用紙に解答を記入する際に行う。
・貸借対照表の項目は、流動性の高いものから順に配列するものとされているが、試験上、流動資産は「現金及び預金、受取手形、売掛金、有価証券、商品」まで、流動負債については「支払手形、買掛金」までを考慮すれば良いものと考えられる。
・各区分の合計額等の計算は、個々の科目及び金額の解答用紙への記入がすべて終了してから行う。

(2) 損益計算書

① 白紙の計算用紙を損益計算書のひな型にあわせて適宜区分する。
② 決算整理前残高試算表の科目及び金額のうち、損益計算書に関連する科目及び金額を仮計算の適切な区分に転記する。
③ 決算整理事項を処理する都度、損益計算書の作成に必要な項目だけを仮計算に記入する。
④ 仮計算を基に、解答用紙に解答を清書する。

① 白紙の計算用紙を損益計算書のひな型にあわせて適宜区分する。

留意事項

・ひな型の最小区分をベースに区分する。

・仕訳を想定して、用紙の左側に費用の区分、用紙の右側に収益の区分を設ける。

・販売費及び一般管理費の区分は、修正項目が多いためスペースを広めにとるようにする。

・会社名、会計期間や作成単位なども記入しておく。

〈P/Lの区分例〉

新小岩　　(X4. 4. 1 ～X5. 3. 31)　　(千円)

左側（費用）	右側（収益）
＜売上原価＞	＜売上高＞
＜販売費及び一般管理費＞	＜営業外収益＞
	＜特別利益＞
＜営業外費用＞	＜法人税等＞
	＜メモ＞
＜特別損失＞	

② 決算整理前残高試算表の科目及び金額のうち、損益計算書に関連する科目及び金額を仮計算の適切な区分に転記する。(解答用紙にあらかじめ科目及び金額が記載されているものは、転記する必要はない。)

留意事項

・科目は自分でわかる程度に省略して記入する。
・科目と金額はセットで転記する。
・科目は縦に記入する。
・売上原価の区分は、あらかじめ期首（期首商品棚卸高)、当期（当期商品仕入高)、期末（期末商品棚卸高）と記入しておき、期首及び当期に係る金額は決算整理前残高試算表から転記し、期末に係る金額は決算整理事項から転記する。
・雑費（販売費及び一般管理費)、雑損失（営業外費用)、雑収入（営業外収益）等は、各区分の末尾に表示するため、仮計算においては各区分の末尾に大きめの文字で転記する。

③④ 以下、貸借対照表の仮計算の作成手順と同じ。

<table>
<tr><td>＜売上原価＞
期首
当期
期末</td><td>＜売上高＞</td></tr>
<tr><td rowspan="2">＜販売費及び一般管理費＞

雑費</td><td>＜営業外収益＞

雑収</td></tr>
<tr><td>＜特別利益＞</td></tr>
<tr><td>＜営業外費用＞

雑損</td><td>＜法人税等＞</td></tr>
<tr><td>＜特別損失＞</td><td>＜メモ＞</td></tr>
</table>

3．評価勘定の仮計算

問　題

1．決算整理前残高試算表の一部

残　高　試　算　表　　　（単位：千円）

建　　物	10,000	減価償却累計額	4,050
備　　品	5,000		

2．残高試算表の減価償却累計額は期首減価償却累計額であり、その内訳は建物に係るもの2,700千円及び備品に係るもの1,350千円である。

3．当期の減価償却費を建物につき180千円、備品につき450千円計上する。

仮計算

残高試算表の減価償却累計額について科目ごとの内訳が判明すれば、減価償却累計額の表示方法に関わらず、それぞれの金額を各科目のすぐ下に転記しておき、当期の減価償却費もそれぞれに加算する形で記入する。科目ごとの内訳が判明しない場合には、有形固定資産の末尾に一括して転記しておく。

＜有形固定資産＞

建　物　10,000

減　累　2,700（2．建物期首減累）＋ 180（3．建物減償費）

備　品　5,000

減　累　1,350（2．備品期首減累）＋ 450（3．備品減償費）

(1)　科目別控除方式の場合

貸借対照表上、有形固定資産の各科目の金額及び減価償却累計額は、科目ごとにそれぞれ解答用紙に記入する。

貸借対照表の表示（単位：千円）

建　　物	10,000	
減価償却累計額	△　2,880	7,120
備　　品	5,000	
減価償却累計額	△　1,800	3,200

⑵　一括控除方式の場合

貸借対照表上、有形固定資産の各科目の金額は、科目ごとにそれぞれ解答用紙に記入し、減価償却累計額は各科目の合計額を有形固定資産の区分の一番下に記入する。

貸借対照表の表示（単位：千円）

建　　　物	10,000
備　　　品	5,000
減価償却累計額	△　4,680

⑶　科目別注記方式の場合

貸借対照表上、有形固定資産の各科目の金額は、科目ごとにそれぞれの減価償却累計額を控除した金額を解答用紙に記入する。また、個別注記表上、減価償却累計額は科目ごとにそれぞれ注記する。

貸借対照表の表示（単位：千円）

建　　　物	7,120
備　　　品	3,200

貸借対照表等に関する注記

建物の減価償却累計額　2,880千円　　備品の減価償却累計額　1,800千円

⑷　一括注記方式の場合

貸借対照表上、有形固定資産の各科目の金額は、科目ごとにそれぞれの減価償却累計額を控除した金額を解答用紙に記入する。また、個別注記表上、減価償却累計額は各科目の合計額を一括して注記する。

貸借対照表の表示（単位：千円）

建　　　物	7,120
備　　　品	3,200

貸借対照表等に関する注記

有形固定資産の減価償却累計額　4,680千円

出題内容一覧

	第１回	第２回	第３回	第４回	第５回
難易度/標準時間	A：55分	A：65分	A：60分	B：65分	B：75分
業種等	商品販売業	商品販売業	商品販売業	商品販売業	商品販売業
財務諸表	貸借対照表 損益計算書	貸借対照表 損益計算書	貸借対照表 損益計算書 株主資本等変動計算書	貸借対照表 損益計算書	貸借対照表 損益計算書
注記	貸借対照表	貸借対照表	—	貸借対照表 損益計算書 後発事象	貸借対照表 損益計算書
有価証券	・満期保有目的(定額法)	・満期保有目的(定額法)	・子会社株式(減損)	・その他(減損)	・自己株式の処分
固定資産	・減価償却	・除却 ・建設仮勘定 ・商標権	・売却 ・商標権 ・資産除去債務	・建設仮勘定 ・取得	・圧縮(直接減額方式)
退職給付引当金	簡便法	—	—	簡便法	簡便法(数理債務あり)
外貨建取引	—	—	—	—	・短期借入金 ・外国通貨
税効果会計	—	—	・一括	・評価差額以外一括	・評価差額以外一括
その他の項目	・償却債権 ・役員報酬 ・役員退職慰労金	・社債	・賞与(確定額)	・役員退職慰労金	—

	第６回	第７回	第８回	第９回	第10回
難易度/標準時間	B：70分	B：70分	B：70分	B：80分	B：75分
業種等	商品販売業	商品販売業	商品販売業	製造業	製造業
財務諸表	貸借対照表 損益計算書 株主資本等変動計算書	貸借対照表 損益計算書	貸借対照表 損益計算書	貸借対照表 損益計算書 製造原価報告書	貸借対照表 損益計算書 製造原価報告書 キャッシュ・フロー計算書
注記	—	—	会計方針 貸借対照表	貸借対照表	貸借対照表 損益計算書
有価証券	・売買目的有価証券 ・その他	・その他(減損)	・その他(減損) ・外貨建有価証券	・その他(減損)	・公社債投資信託 ・子会社株式(減損)
固定資産	・リース会計 ・減損会計	・リース会計 ・買換 ・資産除去債務 ・圧縮(直接減額方式)	・減損(係数)	・減損損失	・圧縮(積立金方式)
退職給付引当金	—	原則法	原則(未認識あり)	原則(未認識あり)	簡便法(数理債務あり)
外貨建取引	・短期借入金	・外貨預金 ・短期借入金	—	・外貨預金 ・為替予約(振当処理)	・通貨 ・短期借入金
税効果会計	・評価差額以外一括	・評価差額以外一括	・一部個別集計	・評価差額、有固以外一括	・評価差額、圧縮積立金以外一括
その他の項目	・自己株式の取得 ・自己株式の処分 ・準備金の減少	・配当 ・社債 ・ゴルフ会員権	・自己株式の消却 ・債権の一部切捨て	・新株予約権付社債(一括法) ・ＣＦ見積法	・償却債権 ・繰延資産

出題傾向
とその対策

計算の征服が、合格への道と言っても過言ではありません。計算問題を解くにあたり、まず出題傾向を知ることが重要です。当校の出題傾向の分析及びその対策を参考として合格へ向かって邁進して下さい。

出題傾向の分析

1 最近の出題形式

回　数	62回	63回	64回	65回	66回	67回	68回	69回	70回	71回	72回	73回
個別問題	0点	0点	0点	0点	0点	0点	0点	0点	0点	0点	0点	0点
総合問題	50点	50点	50点	50点	50点	50点	50点	50点	50点	50点	50点	50点

（注）　配点は一部当校の推定による。

過去の本試験では、個別問題を含む出題がされているが、62回以降は総合問題のみの出題となっている。

2 表示区分等は正確に押さえよ。また会計処理にも万全を期せ。

財務諸表を作成する問題は決算整理前残高試算表や一部決算整理済残高試算表に修正を加える形で出題されるが、その修正項目の内容は、計算処理を加えるものと、そのままの形で金額だけを振りかえるものとに分れる。

財務諸表の出題は従来計算処理が要求される出題よりも表示区分等のみ出題される傾向が強かったが、近年では、計算処理の重要性を再認識しなければならない問題が出題されており、表示区分等と計算処理をバランスよくこなす学習が望まれる。

3 バラエティーに富んだ出題内容、出題形式

試験委員が昭和56年以降、２名に増員されたことから、出題内容、出題形式は実にバラエティーに富んだものとなってきた。以下、最近12年間の内容を一覧表にまとめてみる。

＜傾向分析＞

(1) 準拠法令

過去の出題では、そのほとんどが会社法及び会社計算規則に基づくものであり、財務諸表等規則に基づく総合問題の出題は過去に２回ほどである。ただし、財務諸表等規則に基づく出題も考えられるので、財務諸表等規則に基づく出題がなされた場合にも対応できるように、会社計算規則との相違点を中心に確認しておく必要はあるといえる。なお、現在は会社計算規則と財務諸表等規則との実質的な相違はほんのわずかである。

(2) 業種

回数 / 項目	62回	63回	64回	65回	66回	67回	68回	69回	70回	71回	72回	73回
商品販売業		●	●	●		●	●	●		●	●	●
製造業	●				●				●			

(3) 作成計算書類など

回数 / 項目	62回	63回	64回	65回	66回	67回	68回	69回	70回	71回	72回	73回
貸借対照表	●	●	●	●	●	●	●	●	●	●	●	●
損益計算書	●	●	●	●	●	●	●	●	●	●	●	●
株主資本等変動計算書					●					●		
販管費の明細				●		●	●	●	●		●	●
製造原価報告書	●				●				●			
附属明細書その他	●								●			
注記（会計方針）			●	●			●			●		●
注記（上記以外）			●	●		●	●				●	●
記述問題その他												

・「貸借対照表」と「損益計算書」の同時作成に加えて、「株主資本等変動計算書」や「附属明細書」の作成が出題されるパターンが多い。

・「附属明細書」としては、特に「販売費及び一般管理費の明細」が多く出題されている。

・製造業の場合には、「製造原価報告書」の作成も出題される傾向にある。

・注記事項も出題されており、特に「重要な会計方針に係る事項に関する注記」と「貸借対照表等に関する注記」が出題されている。

・個別問題としては、穴埋め問題や記述問題も出題される傾向にある。

(4) 出題内容

項目＼回数	62回	63回	64回	65回	66回	67回	68回	69回	70回	71回	72回	73回
現金預金	●		●	●	●	●	●	●	●	●	●	●
受取手形・売掛金	●	●	●	●	●	●	●	●	●	●	●	●
貸付金		●	●	●		●			●		●	
異常な債権	●	●	●	●	●	●		●	●	●	●	●
貸倒引当金	●	●	●	●	●	●	●	●	●	●	●	●
有価証券	●	●	●	●	●	●	●	●	●	●	●	●
自己株式	●			●	●	●	●	●	●	●	●	●
売上関係			●	●	●	●	●	●	●			●
仕入関係	●	●	●	●	●	●	●		●			●
減耗・評価損		●		●	●	●	●	●	●		●	●
売上原価の内訳表示	●								●			
他勘定振替高	●	●				●			●		●	●
貯蔵品			●			●				●		
減価償却	●	●		●	●	●		●	●		●	●
減損処理	●	●	●	●		●	●		●	●		
リース取引	●		●	●		●			●		●	
資産除去債務	●	●	●		●						●	
建設仮勘定				●								
その他固定資産			●	●	●						●	
研究開発・ソフト	●		●		●		●		●		●	●
繰延資産												
支払手形・買掛金	●	●	●	●	●	●	●		●	●	●	●
借入金	●			●	●	●	●	●			●	●
賞与		●	●	●	●	●	●	●	●	●		●
退職給付引当金	●		●	●	●	●	●	●		●	●	●
株主資本等項目	●	●	●	●	●	●	●	●	●	●	●	●
剰余金の配当等		●		●	●	●	●					●
外貨建項目	●	●	●	●	●	●		●	●	●	●	
経過勘定項目		●	●	●	●	●	●	●	●	●		●
法人税等	●	●	●	●	●	●	●	●	●	●	●	●
消費税等	●	●	●	●	●	●	●	●	●	●	●	●
税効果会計	●	●	●	●	●	●	●	●	●	●	●	●

(5) 出題分析

① 毎年のように出題されている項目

項　目	主　な　内　容
現金預金	当座借越、未渡小切手、未取付小切手、長期性預金
金銭債権債務	流動・固定の分類、貸倒懸念債権及び破産更生債権等、関係会社に対するもの、営業外の手形
貸倒引当金	一般債権、貸倒懸念債権、破産更生債権等
有価証券	その他有価証券、子会社株式及び関連会社株式の評価、売却
棚卸資産	減耗評価損、払出処理未済、他勘定振替、貯蔵品
売上・仕入	売上・仕入の未処理、計上基準
有形固定資産	減価償却の一部未了、減損処理
研究開発費等	研究開発費、ソフトウェア
退職給付引当金	勤務費用及び利息費用、期待運用収益相当額、年金掛金拠出額、一時金支払額、年金からの給付支払額、数理計算上の差異、簡便法
その他の引当金	賞与引当金
株主資本等項目	増資、自己株式の取得、その他有価証券評価差額金
剰余金の配当等	繰越利益剰余金を原資とした配当及び準備金の積立、任意積立金の処理
外貨建項目	通貨・預金・金銭債権債務の基本的な換算
経過勘定項目	前払費用、長期前払費用、未払費用、未収収益
諸税金	法人税、住民税及び事業税、外形基準による事業税、消費税等
税効果会計	引当金繰入額、未払事業税、その他有価証券の評価差額
評価勘定	貸倒引当金：一括控除方式　　減価償却累計額：一括注記方式
注記事項	取締役等に対する金銭債権債務、関係会社に対する金銭債権債務、担保資産、減価償却累計額、関係会社との取引高

② その他出題の可能性が高いといえる項目

項　目	主　な　内　容
製造業	製造原価の明細（報告書）、仕掛品評価
固定資産	除却・売却、資産除去債務、リース取引、建設仮勘定、ゴルフ会員権
繰延資産等	株式交付費、社債発行費、開発費（支出時の費用処理を含む）
その他の引当金	役員退職慰労引当金、役員賞与引当金
株主資本等項目	自己株式の処分・消却、準備金の減少、合併（企業結合）
剰余金の配当等	その他資本剰余金を原資とした配当
新株予約権等	新株予約権、新株予約権付社債、ストック・オプション
外貨建項目	外貨建有価証券、為替予約
諸税金	源泉所得税、法人税等追徴税額
税効果会計	回収可能性のない繰延税金資産（評価性引当額）
注記事項	会計方針（その変更を含む）、後発事象
規定等の穴埋め	会社法条文、会計基準等
会計上の変更	会計方針の変更、会計上の見積りの変更
その他	株主資本等変動計算書、キャッシュ・フロー計算書、分配可能額の計算

学　習　対　策

1 法令に準拠した貸借対照表及び損益計算書の作成

試験傾向を考えると、貸借対照表及び損益計算書が多く出題されていることから、まずは貸借対照表及び損益計算書の作成練習を重ねることが必要です。また、注記も多く出題されていることから、注記もおろそかにせずしっかりと確認をとり、確実に解答できるようにすることが必要です。

2 計算力をつける。

計算力はスピードと正確さです。そのためには、基本項目は繰り返し、応用項目はひと通り目をとおしておくべきです。

本書は、基本項目を中心に収録していますので、無理なく基本項目の反復練習と一部の応用項目の消化が出来ます。

CONTENTS

もくじ

問　題　編

●財務諸表論　総合計算問題集（基礎編） 

第　1　回

第 1 回	計算書類に係る附属明細書等	標準時間：55分
難易度A		満　　点：50点

〔資料１〕及び〔資料２〕に基づき、次の(1)から(4)の各問に答えなさい。

(1) 株式会社新小岩商会（以下「当社」という。）の第18期（自X4年４月１日　至X5年３月31日）における貸借対照表及び損益計算書を「会社法」及び「会社計算規則」に準拠して作成しなさい。

(2) 上記(1)における損益計算書の売上原価の計算過程を示しなさい。

(3) 上記(1)における損益計算書の販売費及び一般管理費の内訳を完成させなさい。

(4) 答案用紙に示す個別注記表を完成させなさい。

解答上の留意事項

イ　会計処理及び表示方法については、特に指示のない限り原則的方法によるものとし、金額の重要性は考慮しないものとする。

ロ　日数の計算は、便宜上すべて月割り計算で行うものとする。

ハ　計算の過程で生じた千円未満の端数は、切り捨てるものとする。

ニ　解答金額については、問題文の決算整理前残高試算表における金額欄の数値と同様に、３桁ごとにカンマで区切り、解答金額がマイナスとなる場合には、金額の前に「△」印を付すこと。

〔資料１〕X5年３月31日現在の当社の決算整理前残高試算表

（単位：千円）

勘定科目	金額	勘定科目	金額
現金預金	176,520	支払手形	116,371
受取手形	154,300	買掛金	281,560
売掛金	327,730	短期借入金	141,180
有価証券	74,125	未払金	4,020
繰越商品	876,690	仮受金	7,700
仮払金	107,700	貸倒引当金	3,400
建物	131,000	未払消費税等	22,680
車両運搬具	23,140	預り金	12,219
器具備品	11,420	長期借入金	74,319
土地	214,725	退職給付引当金	49,480
仕入	3,713,800	減価償却累計額	20,402
給料手当	162,780	資本金	780,440
租税公課	40,685	資本準備金	196,400
その他販売費及び一般管理費	10,259	利益準備金	19,975
支払利息	4,200	別途積立金	65,615
雑損失	705	繰越利益剰余金	40,942
土地売却損	51,460	売上	4,243,415
		受取利息配当金	877
		有価証券利息	160
		雑収入	84
合計	6,081,239	合計	6,081,239

〔資料２〕決算整理の未済事項及び参考事項

１　現金預金に関する事項

現金預金の内訳は次のとおりである。

（単位：千円）

項　目	金　額	備　考
現　金	2,156	—
当座預金	86,618	下記(1)参照
定期預金	15,000	下記(2)参照
定期預金	72,746	下記(3)参照

(1)　銀行残高確認書の残額との間に差額がある。当該差額の原因は、仕入先に振り出した小切手3,700千円の未取付及び仕入先に掛代金支払いのために振り出した小切手5,400千円の未渡しによるものである。

(2)　X5年９月30日満期の定期預金であり、X2年10月１日に預け入れたものである。利率年１％、利払日年１回（９月末）のものであり、当期末における未収利息の計上が行われていない。

(3)　X8年３月31日満期の定期預金であり、このうち20,000千円は長期借入金70,000千円の担保に供している。

２　受取手形及び売掛金に関する事項

(1)　受取手形のうち430千円は自社振り出しの約束手形である。

(2)　前期において貸倒処理を行った売掛金100千円が当期中に回収されたが、仮受金として処理しているのみである。

(3)　期末日に得意先Ｅ社に甲商品を2,400千円で掛販売を行ったが未処理である。なお、商品の払出記帳は適正に行われている。

(4)　受取手形のうち翌期決済の手形6,000千円（額面金額）をX5年１月17日に銀行にて割引を行った。その際、当社は割引料が差し引かれた入金額で以下の処理をしているのみである。

（現　金　預　金）　5,900千円　（仮　　受　　金）　5,900千円

割引時における保証債務の時価は48千円（手形額面の0.8％）であり、保証債務費用については、手形売却損に含めることとする。

３　貸倒引当金に関する事項

売上債権（受取手形及び売掛金）の期末残高に対して0.8％を引当計上する。なお、前期に同債権に対して計上した貸倒引当金の当期末残高は3,400千円であり、損益計算書においては繰入額と戻入額を相殺して表示すること。

4　有価証券に関する事項

有価証券の内訳は次のとおりである。

（単位：千円）

銘　　柄	帳簿価額	期末市場価格	備　　　考
Ａ社株式	50,850	48,750	上場株式、下記⑴参照
Ｂ社株式	7,075	――	当社はＢ社（非上場企業）の議決権の100％を有している。
Ｃ社社債	7,200	7,300	下記⑵参照
Ｄ社株式	9,000	――	当社はＤ社（非上場企業）の議決権の20％を有している。

⑴　Ａ社株式は売買目的で取得したものである（売買目的のものはＡ社株式のみである。）。

⑵　Ｃ社社債は、償還期限まで保有する目的でX4年４月１日に、額面@100円につき@90円で80千口取得したものであり、償還日はX9年３月31日、約定利率は年２％、利払日は９月末日と３月末日である。なお、額面金額と取得価額との差額はすべて金利の調整部分であり、利息として各期に配分する際には償却原価法（定額法）によること。なお、利息はすべて入金されており、適正に処理されている。

5　商品に関する事項

商品の期末数量等の内訳は次のとおりである。商品の評価は総平均法に基づく原価法（貸借対照表価額は収益性の低下に基づく簿価切下げの方法により算定）を採用しており、帳簿棚卸高に記載の単価は総平均法により適正に計算されている。

	帳簿棚卸高		実地棚卸高	差異の内訳等
	数量	単価	数量	
甲　商　品	170,000個	5,000円	169,600個	下記⑵参照
乙　商　品	10,500個	3,000円	10,000個	下記⑶参照

⑴　決算整理前残高試算表の繰越商品は前期末残高である。

⑵　甲商品の棚卸差異は、原価性のある減耗である。なお、表示に関しては、売上原価の内訳科目として表示するものとする。

⑶　乙商品の棚卸差異は、商品を販売したが払出の記帳漏れがあったことによるものである（当該払出に係る売上処理は適正に行われている。）。

⑷　決算整理前残高試算表の仕入から仕入割引が1,250千円控除されている。

(5) 期末における各商品の売価及び見積販売直接経費は次のとおりである。

	売価 （１個当たり）	見積販売直接経費 （１個当たり）
甲　商　品	5,400円	200円
乙　商　品	3,100円	900円

6　仮払金に関する事項

仮払金の内訳は次のとおりである。

(1) 当社の得意先に対する長期の貸付金額　40,200千円

(2) 中間納付額等　34,870千円

法人税及び住民税額27,670千円、事業税額4,760千円、源泉徴収された所得税額2,440千円

(3) 建物の購入価額　30,000千円

(4) 更正による法人税、住民税及び事業税の追徴税額　2,630千円

7　増資に関する事項

当期において新株を発行した。払込金額から新株式の発行費用300千円が控除された増資手取金1,700千円を仮受金としている。なお、資本金への組入れ額は会社法に定める最低限度額とし、新株式の発行費用は支出時に費用として処理する。

8　有形固定資産に関する事項

減価償却計算が未了のため、次の方法により実施する。

区　分	期首減価償却累計額	償却率	償却方法
建　　物	13,258千円	0.040	定額法
車両運搬具	5,138千円	0.175	定率法
器具備品	2,006千円	0.142	定率法

(1) 残存価額は取得価額の10%とする。

(2) 上記表に関する建物以外に当期10月に建物を取得し使用を開始したものがあるが、取得時に購入価額により仮払金の計上を行ったのみである。減価償却の計算にあたっては、上記の表に準じて残存価額は取得価額の10%により実施する。

(3) 買掛金には期中に土地を購入したことによる未払額300千円が含まれている。なお、当該未払額は翌期中に支払予定である。

9　従業員賞与に関する事項

従業員賞与については、X5年６月の夏季賞与の支給が38,400千円と見込まれるため、支給対象期間（11月から４月）に応じた金額を引当計上する。

10　退職給付に関する事項

当社は退職一時金制度を採用しており、従業員の退職給付に備えるため、期末における退職給付債務の見込額に基づき退職給付引当金を計上している。また、当社は退職給付に係る期末自己都合要支給額を退職給付債務とする方法（簡便法）を採用している。

期末自己都合要支給額は次のとおりである。

（単位：千円）

前期末金額	当期末金額
49,480	72,080

⑴　当期中に退職した従業員への実際支給額3,000千円は、給料手当として処理している。

⑵　決算整理前残高試算表の退職給付引当金残高は前期末残高である。

11　諸税金に関する事項

当期の確定年税額（中間納付額及び源泉徴収税額控除前）は、法人税及び住民税が53,850千円、事業税が7,730千円である。

12　その他の事項

⑴　給料手当の未払額が5,000千円ある。また、支払利息の未払額が3,000千円ある。

⑵　雑損失には、当期に発生した売掛金の貸倒損失500千円が含まれている。

⑶　給料手当には役員報酬3,400千円、役員に対する退職慰労金5,000千円が含まれている。

●財務諸表論 総合計算問題集（基礎編） 

第　2　回

第 2 回	貸借対照表等に関する注記等	標準時間：65分
難易度A		満　　点：50点

＜資料Ⅰ＞及び＜資料Ⅱ＞に基づき、次の(1)から(4)の各問に答えなさい。

(1) 千葉商事株式会社（以下「当社」という。）の第25期（自X7年4月1日　至X8年3月31日）における貸借対照表及び損益計算書を「会社法」及び「会社計算規則」に準拠して作成しなさい。

(2) 上記(1)における損益計算書の売上原価の計算過程を示しなさい。

(3) 上記(1)における損益計算書の販売費及び一般管理費の明細を完成させなさい。

(4) 答案用紙に示す個別注記表を完成させなさい。

解答上の留意事項

イ　消費税等の会計処理は、税抜方式で処理されすべて完了しているものとし、決算整理事項の処理においても消費税等については考慮する必要はない。

ロ　関係会社に対する金銭債権債務については、科目別に注記する方法によるものとする。

ハ　会計処理及び表示方法については、特に指示のない限り原則的な方法によることとし、金額の重要性は考慮しないものとする。

ニ　金額の計算において千円未満の端数が生じた場合には切り捨てる。

ホ　解答金額については、問題文の決算整理前残高試算表における金額欄の数値と同様に、3桁ごとにカンマで区切り、解答金額がマイナスとなる場合には、金額の前に「△」印を付すこと。

＜資料Ⅰ＞　X8年３月31日現在の当社の決算整理前残高試算表

決算整理前残高試算表　（単位：千円）

勘定科目	金額	勘定科目	金額
現金預金	323,500	支払手形	191,610
受取手形	232,000	買掛金	290,100
売掛金	327,800	借入金	732,090
有価証券	122,000	未払消費税等	10,290
繰越商品	208,640	預り金	6,640
貯蔵品	9,000	貸倒引当金	6,900
貸付金	6,000	減価償却累計額	450,099
未収金	2,928	社債	29,100
仮払金	52,690	資本金	1,127,000
建物	1,420,000	資本準備金	61,000
車両運搬具	212,000	利益準備金	24,126
器具備品	220,600	別途積立金	472,758
土地	292,199	繰越利益剰余金	10,818
建設仮勘定	150,000	売上	2,523,525
商標権	5,100	受取利息配当金	9,970
仕入	1,427,780	有価証券利息	760
給料手当	613,980	雑収入	3,118
租税公課	110,000		
消耗品費	27,000		
その他販売費及び一般管理費	90,987		
支払利息	75,200		
社債利息	300		
雑損失	20,200		
合計	5,949,904	合計	5,949,904

＜資料Ⅱ＞　決算整理事項

1．現金預金に関する事項

⑴　C銀行とは当座借越契約を締結している。C銀行の残高証明書の当座勘定残高は△1,040千円であるのに対し、当社の帳簿残高は△2,300千円であった。この差額のうち500千円は期末に振り出した小切手の未取付額である事が判明した。また、残りの760千円は、当期3月に銚子物産株式会社に対する買掛金決済のために振り出した小切手が未渡しであることによるものであった。

⑵　現金預金には、積立預金15,600千円が含まれている。なお、当該積立預金の毎月の積立額は1,200千円であり、36回積立後満期が到来する。

⑶　現金預金には、定期預金164,000千円（満期日：X9年11月30日）が含まれている。

2．売上債権・仕入債務に関する事項

⑴　受取手形・売掛金・支払手形・買掛金の内訳は次のとおりである。

（単位：千円）

	受取手形	売掛金	支払手形	買掛金
市川工業株式会社	――	――	12,000	6,400
柏商事株式会社	50,800	39,200	――	――
銚子物産株式会社	――	――	129,560	189,140
関内産業株式会社	41,200	22,000	――	――
木更津産業株式会社	――	56,400	――	――
その他の取引先	140,000	210,200	50,050	94,560

⑵　関内産業株式会社に対する受取手形のうち1,200千円は、当期に短期的な運転資金の貸付を行った際に差し入れられたもので、手形の期日はX8年7月31日である。

⑶　当期において木更津産業株式会社について、会社更生法の規定による更生手続開始の申立てがあった。

⑷　その他の取引先に対する受取手形のうち5,000千円は、X8年3月に電子記録債権を発生させているが、会計処理が未済である。

3．貸付金に関する事項

貸付金の内訳は次のとおりである。

（単位：千円）

貸付先	貸付残高	備　　考
柏商事株式会社	4,000	回収期日はX9年３月31日である。
鴨川物産株式会社	2,000	回収期日はX8年７月31日であり、貸付金の利息未収分が30千円ある。

4．貸倒引当金に関する会計方針

受取手形、売掛金及び電子記録債権の期末残高に対して貸倒引当金を設定するが、一般債権及び破産更生債権等に区分して算定する。一般債権に対しては過去の貸倒実績率に基づき受取手形、売掛金及び電子記録債権の期末合計残高の１％を引当計上する。なお、当期中における状況の変化により前期における貸倒見積額が過大であったと判断される。破産更生債権等に対しては債権総額を引当計上する。

貸倒引当金の貸借対照表の表示は、流動資産及び固定資産の末尾にそれぞれ一括して控除科目とする。損益計算書上は繰入額と戻入額とを相殺した差額で表示するが、破産更生債権等に係るものについては特別損失に計上する。なお、決算整理前残高試算表の貸倒引当金はすべて一般債権に対するものである。

5．有価証券に関する事項

有価証券の内訳は次のとおりである。

（単位：千円）

銘　柄	帳簿価額	期末市場価格	備　考
銚子物産株式会社株式	21,000	18,000	下記(1)参照
市川工業株式会社株式	40,000	——	下記(2)参照
柏商事株式会社株式	26,000	24,000	下記(3)参照
関内産業株式会社社債	35,000	35,500	下記(4)参照

(1)　上場株式であり、短期的な時価の変動により利益を得る目的で所有している。

(2)　非上場株式であり、当社は市川工業株式会社の議決権の80％を所有している。

(3)　上場株式であり、当社は柏商事株式会社の議決権の15％を所有している。また、市川工業株式会社は柏商事株式会社の議決権の８％を所有している。

⑷　X6年４月１日に発行と同時に満期まで保有する目的で取得したものである。当該社債は額面金額38,000千円、償還期限は取得時より４年、クーポン利率は年２％、利払日は９月末日及び３月末日であり、当期における利息の入金は、適正に処理されている。なお、取得価額と額面金額の差額は、すべて金利の調整部分であり、償却原価法（定額法）を適用する。

6．棚卸資産に関する事項

⑴　決算整理前残高試算表に記載されている繰越商品及び貯蔵品の金額は前期末残高である。

⑵　棚卸資産の期末棚卸の結果は次のとおりである。

①　商品

種　類	帳簿棚卸高		実地棚卸高	
	数　　量	原価（単価）	数　　量	時価（単価）
A商品	197,900個	@1,250円	197,000個	@1,200円
B商品	115,000個	@1,200円	114,800個	@1,510円

(イ)　商品は移動平均法に基づく原価法（貸借対照表価額は、収益性の低下による簿価切下げの方法により算定）により評価しており、帳簿棚卸高の原価（単価）は移動平均法により適正に計算されている。

(ロ)　数量の減少に関しては、A商品及びB商品ともに、500個までを通常生ずる程度のものであると判断し、その減少に係る損失は販売費及び一般管理費に表示する。500個を超える部分に係る損失は営業外費用に表示する。

(ハ)　実地棚卸高の時価は正味売却価額である。

②　貯蔵品

実地棚卸高：10,100千円

貯蔵品は購入時に消耗品費で処理しており、期末においては実地棚卸に基づく未使用分を最終仕入原価法により評価している。

７．有形固定資産に関する事項

有形固定資産の減価償却に関する資料は以下のとおりであり、前期までの償却計算は適正に行われている。なお、残存価額は取得価額の10％として計算する。

（単位：千円）

	取得価額	期首減価償却累計額	償却方法	耐用年数	償却率	備考
建物	1,420,000	146,564	定額法	40年	——	—
車両運搬具	212,000	118,960	定率法	8年	0.250	—
器具備品	220,600	184,575	定率法	5年	0.369	下記(1)参照

(1)　器具備品のうち一部（取得価額120,000千円、期首減価償却累計額100,975千円）を当期12月31日に除却し、当該器具備品の廃材価額を560千円と見積ったが、会計処理が未済である。

(2)　建設仮勘定のうち120,000千円はX7年９月１日に完成した建物であり、翌月より使用を開始しているが、会計処理が未済である。なお、当該建物の減価償却費の計算は上記表の建物と同様に行うものとする。なお、決算整理前残高試算表の支払手形のうち40,000千円（支払期日：X8年７月末日）は当該建物の購入に対して振り出したものである。

(3)　減価償却累計額の表示は、一括注記方式によることとする。

８．無形固定資産に関する事項

決算整理前残高試算表の商標権は、X1年７月１日に取得したものであり、商標権の償却は10年で行っている。

９．借入金に関する事項

借入金の内訳は次のとおりである。

（単位：千円）

借入先	借入残高	備考
甲銀行	646,230	返済期日はX9年10月31日である。
乙銀行	85,860	返済期日はX8年９月30日であり、借入時に当社の土地78,000千円を担保に供している。

10. 社債に関する事項

当社は、次の条件により、X7年10月1日に社債を発行している。

⑴ 発行価額　１口額面100千円につき97千円

⑵ 発行口数　300口

⑶ 償還期限　X12年９月30日

⑷ 利　　率　年２％（毎年３月末と９月末の年２回払で、利息は支払済である。）

社債の価額の算定は償却原価法（定額法）を適用する。

社債発行に係る費用250千円が仮払金に計上されている。社債発行に係る費用は、支出時に費用として処理するものとする。

11. 法人税等に関する事項

法人税、住民税及び事業税の当期確定年税額（中間納付税額及び源泉徴収税額控除前）は72,756千円と計算された。このうち、事業税の外形基準部分は3,900千円である。決算整理前残高試算表において、法人税及び住民税の中間納付額39,300千円、事業税の中間納付額10,700千円（うち外形基準部分2,600千円）及び源泉所得税2,440千円が仮払金に計上されている。

12. その他の事項

給料手当の未払分（締切日の翌日から期末日までの分）14,400千円を計上する。

●財務諸表論　総合計算問題集（基礎編） 

第　3　回

第 3 回 難易度A	株主資本等変動計算書	標準時間：60分 満　　点：50点

商品販売業を営む浜松株式会社（以下、「当社」という。）の当期（会計期間：自X3年6月1日至X4年5月31日）の〈資料Ⅰ〉残高試算表と〈資料Ⅱ〉決算整理・修正事項等は以下のとおりである。これらの資料に基づき、「貸借対照表」、「損益計算書」及び「株主資本等変動計算書」を作成しなさい。なお、作成にあたっては「会社法」及び「会社計算規則」に準拠すること。

解答上の留意事項

1．計算上生じた千円未満の端数は、切り捨てること。

2．日数の計算は、便宜上すべて月割計算で行うものとする。

3．会計処理及び表示方法については、特に指示のない限り原則的な方法によることとし、金額の重要性については考慮する必要はない。

4．関係会社に対する金銭債権債務は、他の金銭債権債務とは区分して表示する。

5．解答金額については、〈資料Ⅰ〉の残高試算表における金額欄の数値と同様に、3桁ごとにカンマで区切り、解答金額がマイナスとなる場合には、金額の前に「△」を付すこと。

〈資料Ⅰ〉残高試算表

残高試算表

X4年5月31日 （単位：千円）

勘定科目	金額	勘定科目	金額
現金及び預金	262,505	支払手形	401,405
受取手形	492,550	買掛金	331,530
売掛金	393,000	借入金	300,000
有価証券	202,060	預り金	14,500
繰越商品	180,000	仮受金	120,800
貸付金	223,100	未払消費税等	21,000
仮払金	126,250	退職給付引当金	421,750
建物	700,000	貸倒引当金	16,243
車両運搬具	150,000	減価償却累計額	518,564
器具備品	200,000	資本金	350,000
土地	61,515	資本準備金	75,000
商標権	48,500	利益準備金	10,000
繰延税金資産	173,145	別途積立金	74,850
仕入	1,371,000	繰越利益剰余金	70,391
給料手当	600,000	売上	2,772,500
広告宣伝費	193,000	受取利息配当金	25,997
租税公課	50,000	有価証券売却益	10,000
減価償却費	82,194	仕入値引	1,000
諸販売費及び一般管理費	19,341	仕入割引	700
支払利息	5,250	雑収入	530
売上値引	2,500		
雑損失	850		
合計	5,536,760	合計	5,536,760

〈資料Ⅱ〉決算整理・修正事項等

1．現金及び預金に関する事項

現金及び預金の内訳は次のとおりである。

(1) 手許現金　182,280千円

この他に売掛金（Ｂ社及びＣ社に対するものではない。）の決済として受け取った小切手（振出日　X4年６月２日）が7,000千円あるが未処理である。

(2) 当座預金

丙銀行	△6,000千円
丁銀行	36,225千円

丙銀行の銀行残高確認書の当座勘定残高は2,000千円であった。差額の原因は仕入代金の支払いのために丙銀行口座より振り出した小切手の未取付7,000千円及び広告宣伝費の支払いのために振り出した小切手1,000千円の未渡しによるものであった。なお、当社は丙銀行との間で当座借越契約を締結している。

(3) 定期預金　50,000千円

満期日はX6年７月25日である。

2．受取手形及び売掛金並びに貸付金に関する事項

(1) 受取手形には資金貸付の際に受け取ったもの30,200千円（満期日　X5年３月31日）が含まれている。

(2) 売掛金のうち50,000千円はＢ社に対するものである。

(3) 貸付金の内訳は次のとおりである。

① 貸付金のうち100,000千円はX2年６月１日にＦ社に対して貸し付けたものである。この貸付金はX7年５月31日に一括回収する契約である。

② 上記①以外は、すべて一時的な貸付けであり、１年以内に回収する予定である。

3．貸倒引当金に関する事項

一般債権については受取手形、売掛金及び貸付金の期末残高に対して貸倒実績率に基づいて２％計上する。なお、残高試算表の貸倒引当金はすべて一般債権に対し設定されたものの残額である。

貸倒引当金の貸借対照表の表示は、流動資産及び固定資産の末尾にそれぞれ一括して控除科目とする。損益計算書上は繰入額と戻入額とを相殺した差額を販売費及び一般管理費に計上する。

4．有価証券に関する事項

有価証券の内訳は次のとおりである。

銘　柄	帳簿価額	期末市場価格	備　　考
A社株式	126,060千円	60,255千円	（注1）
B社株式	59,000千円	58,000千円	B社は当社の関連会社である。
C社株式	15,000千円	——	（注2）
浜松株式会社株式	2,000千円	2,080千円	（注3）

（注1）　A社株式は売買目的有価証券に該当する。A社株式は当期4月に半数を70,000千円で売却したが、売却手数料200千円を差し引いた手取額を仮受金として処理したのみである。売却原価は移動平均法により算定している。なお、期末市場価格は期末保有分に係るものである。

（注2）　決算日現在のC社の貸借対照表は以下のとおりであり、C社株式（発行済株式数500株・すべて議決権を有する非上場株式）の実質価額は著しく低下していると認められる。なお、当社はC社の株式を300株（@50千円）所有している。

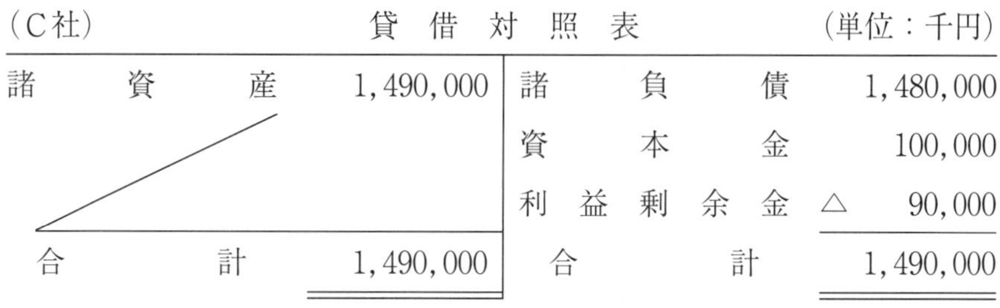

（C社）　貸借対照表　（単位：千円）

諸資産	1,490,000	諸負債	1,480,000
		資本金	100,000
		利益剰余金	△　90,000
合計	1,490,000	合計	1,490,000

（注3）　取締役会の決議により、前期に取得したものである。

5．棚卸資産に関する事項

期末商品に関する資料は次のとおりである。

品　名	帳簿棚卸高	実地棚卸原価	実地棚卸時価 (正味売却価額)	備　　　　考
甲商品	130,000千円	130,000千円	210,000千円	——
乙商品	65,000千円	63,000千円	61,800千円	帳簿棚卸高と実地棚卸原価との差額は減耗（売上原価の内訳科目として表示）であり、実地棚卸原価と実地棚卸時価との差額は収益性の低下によるものである。

なお、残高試算表に記載されている繰越商品の金額は、前期末残高である。

6．有形固定資産及び無形固定資産に関する事項

減価償却費の計算は、以下の事項を除き適正に終了している。

(1) 当期首に建物を取得し、使用を開始したものがある。当該建物の耐用年数は30年であり、使用後に除去する法的義務がある。当該建物の除去を行う際の支出は1,000千円と見積られるが、資産除去債務に関する会計処理が未処理である。なお、資産除去債務の算定に際して用いられる割引率は年2.0%とし、期間30年の現価係数は0.552とする。また、当該建物については残存価額をゼロとする定額法（30年）で減価償却を行っている。

(2) 車両運搬具（取得原価30,000千円、期首減価償却累計額8,100千円）を当期11月に売却したが、売却代金21,000千円を仮受金として処理しているのみである。なお、減価償却費の算定においては残存価額10%、耐用年数10年の定額法を採用している。

(3) 残高試算表の商標権はX1年７月に取得したものであり、10年間で償却しているが、当期の償却計算は未処理である。

7．借入金に関する事項

借入金はX3年11月１日にＤ社から借入れたX5年７月31日一括返済の借入金300,000千円である。

8．引当金に関する事項

(1) 退職給付引当金…当期の退職給付費用11,280千円を退職給付引当金に計上する。

(2) 修 繕 引 当 金…翌期の修繕に備えて5,000千円を修繕引当金に計上する。

9．純資産に関する事項

X4年２月28日を払込期日とする第三者割当増資を行った。払込金額は30,000千円であるが、払込金額の全額を仮受金に計上したままであり、会計処理が未済である。資本金への組入額は会社法に定める原則的方法によることとする。

10．諸税金に関する事項

(1) 当期の確定年税額（中間納付額及び源泉徴収税額控除前）は、法人税及び住民税が129,000千円、事業税が35,000千円（うち外形基準部分7,000千円）である。

(2) 残高試算表の仮払金には、法人税及び住民税の中間納付額65,600千円及び事業税の中間納付額16,400千円（うち外形基準部分3,280千円）が含まれている。また、租税公課には、源泉徴収された所得税4,000千円が計上されている。

11．税効果会計に関する事項

(1) 残高試算表の繰延税金資産は前期末残高である。

(2) 当期末の一時差異は次のとおりである。

将来減算一時差異　　517,700千円

(3) 前期及び当期の法定実効税率は35％である。

(4) 繰延税金資産の回収可能性については問題ないものとする。

12．配当に関する事項

(1) 当期８月に行われた株主総会において、繰越利益剰余金を配当財源として剰余金の配当等を以下のとおり決議し、行っている。なお、配当金の支払額は仮払金として処理しており、それ以外は未処理である。

① 配当金　20,000千円

② 準備金　［各自推定］千円

③ 別途積立金の積立て　5,000千円

(2) 当期１月に行われた取締役会において、繰越利益剰余金を配当財源として剰余金の配当（中間配当）24,250千円及びこれに伴う準備金の積立［各自推定］千円が決議されたが未処理である。なお、配当金の支払額は仮払金として処理している。

13．その他

給料の未払額（締切日の翌日から期末日までの分）が9,710千円ある。また、X4年７月10日に26,000千円の従業員賞与を支給することが確定しており、当該支給額は支給対象期間（12月１日～５月31日）に基づき算定している。

●財務諸表論　総合計算問題集（基礎編）

第　4　回

第 4 回	その他有価証券等	標準時間：65分
難易度B		満　　点：50点

＜資料Ⅰ＞、＜資料Ⅱ＞及び＜資料Ⅲ＞に基づき、次の⑴から⑶の各問に答えなさい。

⑴　商品販売を行っている株式会社山形商事（以下、「当社」という。）の当期（自X3年4月1日　至X4年3月31日）における貸借対照表及び損益計算書を「会社法」及び「会社計算規則」に準拠して完成させなさい。

⑵　販売費及び一般管理費の明細を完成させなさい。

⑶　会社計算規則に基づき、株式会社山形商事の当期の個別注記表に記載すべき「貸借対照表等に関する注記」、「損益計算書に関する注記」及び「重要な後発事象に関する注記」を記載しなさい。

解答上の留意事項

イ　会計処理及び表示方法については、特に指示のない限り原則的な方法によることとし、金額の重要性は考慮しないものとする。

ロ　計算の過程で生じた千円未満の端数は切り捨てるものとする。

ハ　日数の計算は、便宜上すべて月割計算で行うものとする。

ニ　関係会社に対する金銭債権債務については、一括注記方式によるものとする。

ホ　事業税の外形基準部分について考慮する必要はない。

ヘ　解答金額については、問題文の残高試算表における金額欄の数値と同様に、3桁ごとにカンマで区切り、解答金額がマイナスとなる場合には、金額の前に「△」を付すこと。

＜資料Ⅰ＞ 期末日現在の残高試算表

残 高 試 算 表

X4年3月31日 (単位：千円)

科目	金額	科目	金額
現金及び預金	162,908	支払手形	216,160
受取手形	397,000	買掛金	287,500
売掛金	601,600	借入金	233,800
有価証券	157,400	未払金	84,000
商品	195,500	未払消費税等	57,300
貯蔵品	2,000	預り金	9,070
貸付金	66,200	賞与引当金	4,000
仮払金	101,500	貸倒引当金	113
建物	640,000	退職給付引当金	300,500
車両運搬具	14,000	減価償却累計額	458,770
器具備品	82,000	資本金	450,000
土地	75,469	資本準備金	24,000
借地権	47,600	利益準備金	15,000
繰延税金資産	123,095	役員退職慰労積立金	14,000
仕入	1,425,961	別途積立金	155,347
販売費及び一般管理費	554,243	繰越利益剰余金	79,837
支払利息	11,150	評価差額金	△3,575
雑損失	2,772	売上	2,266,900
		受取利息配当金	2,800
		有価証券利息	150
		雑収入	4,726
合計	4,660,398	合計	4,660,398

＜資料Ⅱ＞ 販売費及び一般管理費の主な内訳

(単位：千円)

科目	金額	科目	金額
給料手当	339,700	消耗品費	10,000
退職給付費用	14,500	水道光熱費	19,700
法定福利費	35,000	その他販売管理費	129,743
通信費	5,600	合計	554,243

＜資料Ⅲ＞　決算整理の未済事項及び参考資料

1．現金及び預金に関する事項

現金及び預金の内訳は次のとおりである。

(1)　現金　2,558千円

(2)　W銀行の当座預金3,600千円　X銀行の当座預金（各自推定）千円
W銀行及びX銀行ともに当座借越契約を締結している。

(3)　定期預金　100,000千円（預入期間5年、満期日　X5年3月31日）

(4)　定期預金　60,750千円（預入期間3年、満期日　X5年8月31日）

なお、上記の他、実地調査により買掛金の決済としてW銀行口座より振り出した小切手2,000千円が未渡しのまま発見された。

2．受取手形及び売掛金並びに貸付金に関する事項

(1)　受取手形には、A社に対するもの90,000千円が含まれている。売掛金には、A社に対するもの10,000千円が含まれている。

(2)　受取手形のうち7,000千円及び売掛金のうち10,000千円は甲社に対するものであり、受取手形のうち4,000千円及び売掛金のうち2,000千円は乙社に対するものである。

(3)　貸付金には、当社の取締役に対する長期のもの26,000千円が含まれている。その他のものはすべて短期のものである。なお、取締役に対するもの以外の貸付金に関する利息未収分が1,100千円ある。

3．貸倒引当金に関する事項

一般債権に対しては、過去の貸倒実績率に基づき受取手形、売掛金及び貸付金（未収利息を含む。）の期末残高に対し0.1％を引当計上する。貸倒懸念債権（乙社に対する債権）に対しては、個別に回収可能性を検討し、債権総額から担保等処分見込額（1,000千円）を控除した残額の50％を引当計上する。また、破産更生債権等（甲社に対する債権）に対しては、個別に回収可能性を検討し、債権総額から担保等処分見込額（4,500千円）を控除した残額を引当計上する。なお、破産更生債権等は、1年以内に回収する見込みはない。

貸倒引当金の貸借対照表上の表示方法は、一括控除方式によるものとする。損益計算書上の表示は、戻入額と繰入額を相殺して表示するが、一般債権及び貸倒懸念債権に係るものについては、全額を販売費及び一般管理費に計上し、破産更生債権等に係るものについては、特別損失に計上する。

残高試算表の貸倒引当金は、一般債権に対して前期末に設定したものの残額である。

4．有価証券に関する事項

有価証券の内訳は次のとおりである。

（単位：千円）

銘　　柄	原始取得原価	前期末時価	帳簿価額	当期末時価	備　　考
A社株式	55,000	56,000	55,000	54,000	下記(3)①
B社株式	7,000	——	7,000	6,800	下記(3)②
C社株式	25,500	26,500	26,500	23,000	下記(3)③
D社株式	48,500	各自推定	各自推定	37,000	下記(3)③
E社株式	37,500	17,500	17,500	8,000	下記(3)④
F社社債	9,400	——	9,400	9,520	下記(3)⑤

(1)「その他有価証券」の評価は時価法（評価差額は全部純資産直入法（税効果会計を適用する。）により処理し、売却原価は移動平均法により算定する。）によっている。なお、時価が取得原価の50％以上下落した場合には減損処理することとしている。

(2) 残高試算表の評価差額金は、「その他有価証券」の前期末残高に係るものである。

(3) 上記の有価証券の備考の内容は以下のとおりである。

① 当社は総株主の議決権の55％を所有している。

② 売買目的有価証券に該当するものであり、当期に取得したものである。

③ その他有価証券に該当する。

④ 業務提携目的で保有しており、その他有価証券に該当する。なお、前期末に減損処理をしている。

⑤ 満期保有目的の債券に該当する。当期10月1日に発行と同時に取得したものであり、債券金額は10,000千円、償還期限は5年、実効利子率は年4.36％、クーポン利率は年3％、利払日は毎年9月末日と3月末日の年2回である（利息は3月末にすべて入金されており、適正に処理されている。）。

取得価額と債券金額（額面）との差額は、すべて金利の調整部分（金利調整差額）であり、償却原価の計算については、利息法により行うものとする。

5．棚卸資産に関する事項

残高試算表の商品及び貯蔵品の残高は前期末残高である。

(1) 商品（先入先出法による原価法（収益性の低下による簿価切下げの方法）で評価している。）

商品の期末実地棚卸を行った結果、商品期末残高は210,000千円（評価損等に相当する額を切り下げ後の金額）であった。

なお、帳簿棚卸高と差異が生じているものは次のとおりである。

区　分	帳簿棚卸高		実地棚卸高		備考
	数　量	単　価	数　量	正味売却価額	
イ　商　品	150個	@50千円	130個	@55千円	注1
ロ　商　品	200個	@230千円	190個	@200千円	注2

注1　イ商品の数量の差異は、原価性のある棚卸減耗であることから、販売費及び一般管理費に表示する。

注2　ロ商品の数量の差異は、臨時的な棚卸減耗である。

(2) 貯蔵品

貯蔵品はすべて消耗品であり、購入時に消耗品費で処理している。期末においては実地棚卸に基づく未使用分を最終仕入原価法により評価しており、実地棚卸高は3,500千円である。

6．有形固定資産に関する事項

減価償却計算が未了のため、次の方法に基づき実施する。

種　類	期首減価償却累計額	償却方法	償却率	残存価額
建　物	409,770千円	定額法	0.025	1割
車両運搬具	9,000千円	定率法	0.319	1割
器具備品	40,000千円	定額法	0.250	1割

(1) 貸借対照表の減価償却累計額の表示方法は一括注記方式によるものとする。

(2) 建物にはX3年8月22日に取得し、同日より販売管理用建物として事業の用に供しているもの12,000千円が含まれている。なお、当該建物に関する減価償却計算は従来より保有するものと同様とする。

(3) 土地のうち40,000千円が長期借入金53,300千円の担保に供されている。

(4) 翌期の営業所拡張計画のために支出している建設手付金39,900千円が仮払金として処理されている。なお、当該工事は期末現在未着工である。

7．借入金に関する事項

借入金の内訳は次のとおりである。なお、借入金の支払利息の未経過分4,790千円（うち1,590千円は翌々期対応分）がある。

(1) Ｚ銀行からのもの　53,300千円（返済期日：X5年11月30日）

(2) Ｙ銀行からのもの　180,500千円（返済期日：X5年３月31日）

8．退職給付引当金に関する事項

従業員の退職給付に備えるため、退職給付引当金を計上している。また、当社は簡便法を採用している。

(1) 期末自己都合要支給額は次のとおりである。

① 前期末自己都合要支給額　300,500千円

② 当期末自己都合要支給額　314,400千円

(2) 当期中に退職した従業員への実際支給額は、退職給付費用として処理している。

(3) 残高試算表の退職給付引当金は前期末残高である。

9．従業員賞与に関する事項

X4年６月に従業員賞与6,750千円を支給することが見込まれており、支給対象期間（12月から５月）に応じた金額を引当計上する。

残高試算表の賞与引当金は前期末残高であり、給料手当に計上されているX3年６月支給額と相殺処理する。

10．法人税等に関する事項

当期の確定年税額は法人税及び住民税が61,000千円、事業税が17,000千円であり、中間納付した法人税及び住民税37,200千円と事業税10,400千円は仮払金に計上されている。

11．税効果会計に関する事項

(1) 残高試算表の繰延税金資産は前期末残高であり、繰延税金資産と繰延税金負債は相殺後純額で表示している。

(2) 「４．有価証券に関する事項」で決算整理した「その他有価証券」の評価差額を除く当期末の将来減算一時差異残高は358,600千円である。

(3) 法定実効税率は35％であり、前期も同様である。

(4) 繰延税金資産の回収可能性に問題はないものとする。

12. その他の事項

(1) 仮払金には役員の退職慰労金の支給額である14,000千円が含まれている。なお、この役員に対しては支給額と同額の役員退職慰労積立金が積み立てられている。

(2) Ａ社に対する売上高は190,000千円である。

(3) 給料手当の締切後未払額が5,930千円ある。

(4) X4年５月２日に当社の主要な建物が火災により焼失している。当該火災による建物の焼失は、翌期以降の当社の状況に重要な影響を及ぼすと考えられる。

●財務諸表論　総合計算問題集（基礎編）

第　5　回

第 5 回	自己株式を含む貸借対照表・損益計算
難易度B	書等

標準時間：75分
満　　点：50点

（資料Ⅰ）及び（資料Ⅱ）に基づき、次の⑴から⑶について答えなさい。

⑴ 西船物産株式会社（以下「当社」という。）の第33期（自X2年4月1日　至X3年3月31日）の「会社法」及び「会社計算規則」に準拠した貸借対照表及び損益計算書を作成しなさい。

⑵ 「会社計算規則」に基づく附属明細書のうち販売費及び一般管理費の明細を作成しなさい。

⑶ 答案用紙に示す個別注記表を記載しなさい。

解答留意事項

イ　消費税及び地方消費税（以下「消費税等」という。）は税抜方式で処理しており、（資料Ⅱ）2及び6で（税込）とあるもの以外は適切に処理されている。なお、税率は10％で計算することとする。

ロ　関係会社に対する金銭債権は一括注記方式によること。

ハ　会計処理及び表示方法については、特に指示のない限り原則的な方法によるものとし、金額の重要性は考慮しないものとする。日数の計算は、便宜上、すべて月割計算で行うものとする。

ニ　計算の過程で生じた千円未満の端数は、百円の位で四捨五入するものとする。

ホ　解答金額については、問題文の決算整理前残高試算表における金額欄の数値と同様に、3桁ごとにカンマで区切り、解答金額がマイナスとなる場合には、金額の前に「△」印を付すこと。この方法によっていない場合には正解としないので注意すること。

（資料Ⅰ）　X3年３月31日現在の当社の決算整理前残高試算表

（単位：千円）

勘定科目	金額	勘定科目	金額
現金及び預金	29,655	支払手形	61,892
受取手形	51,500	買掛金	142,160
売掛金	219,750	短期借入金	85,710
有価証券	422,000	預り金	2,590
商品	48,000	仮受金	68,375
短期貸付金	106,000	仮受消費税等	236,000
仮払金	175,040	貸倒引当金	4,700
仮払消費税等	191,524	退職給付引当金	29,900
建物	315,850	資本金	470,000
車両運搬具	19,255	資本準備金	60,000
器具備品	40,270	利益準備金	9,500
土地	454,656	別途積立金	418,828
借地権	15,000	繰越利益剰余金	145,552
繰延税金資産	27,335	売上高	2,334,500
仕入高	1,823,080	受取利息配当金	2,870
給料手当	71,410	有価証券利息	300
法定福利費	10,620	有価証券売却損益	1,000
広告宣伝費	13,592	雑収入	3,995
租税公課	2,860		
その他	6,200		
売上戻り	3,300		
支払利息	2,175		
雑損失	28,800		
合計	4,077,872	合計	4,077,872

（資料Ⅱ） 決算整理事項及び参考資料

1 現金及び預金に関する事項

残高試算表の現金及び預金の内訳は次のとおりである。

種　類	帳簿残高	備　考
現　金	426千円	下記(1)参照
当座預金	△1,053千円	下記(2)参照
普通預金	18,282千円	—
定期預金	12,000千円	下記(3)参照

(1) 現金のうち123千円は、取得日の為替相場により換算されている外国通貨（1,000米ドル）である。なお、決算日の為替相場は１米ドル＝118円である。

(2) 当社は甲銀行と乙銀行の２つの銀行に当座預金口座を開設している。甲銀行の当座預金口座について銀行残高証明書の残高は900千円であり、当社の帳簿残高200千円との間に差額があった。当該差額の原因は、買掛金代金の支払いに振り出した小切手の未取付額700千円によるものである。

また、乙銀行とは当座借越契約を締結している。

(3) 定期預金の内訳は次のとおりである。

預入日	満期日	帳簿残高
X2年５月末	X3年５月末	4,000千円
X2年８月末	X4年８月末	8,000千円
合　計		12,000千円

2 受取手形、売掛金及び売上高に関する事項

残高試算表の受取手形、売掛金及び売上高の内訳は次のとおりである。

取引先	受取手形	売掛金	売上高
B　社	11,500千円	4,250千円	160,000千円
C　社	9,000千円	15,310千円	193,500千円
D　社	—	10,480千円	226,000千円
その他の取引先	31,000千円	189,710千円	1,755,000千円

(1) 得意先B社からは、担保として上場有価証券（期末時価3,000千円）を受け入れている。

(2) 残高試算表の売上戻り3,300千円（税込）は、D社に販売した商品の一部が品違いだったため、D社から当該商品の返品がなされた際に以下の仕訳を行っていたことにより生じたものである。

（売　上　戻　り）　　3,300千円（売　　掛　　金）　　3,300千円

(3) その他の取引先に対する受取手形のうち15,000千円をX3年３月１日に割引したが、受取額14,625千円を仮受金として処理しているのみである。当該手形は期末現在未決済であり、保証債務費用として未決済高に対して1.2％を計上する。

なお、当該保証債務費用は、手形売却損に含めて処理すること。

(4) その他の取引先に対する売掛金のうち2,500千円は前期に発生したものであり、当期に貸倒れているが未処理である。

3　短期貸付金に関する事項

残高試算表の短期貸付金には次のものが含まれている。

(1) Ｆ社に対するもの　33,000千円

当期11月１日に36,000千円を貸付けたものの当期末残高であり、当期11月30日より５年間の毎月末元金均等回収（当期末までの回収は適正に行われている。）、利息については月0.3％、毎年４月末日及び10月末日を利払日としている。

(2) Ｄ社に対するもの　60,000千円

X5年３月31日に一括回収するものであり、当期の利息1,800千円については適正に処理されている。

(3) 取締役に対するもの　10,000千円

X3年11月30日に一括回収するものである。

4　貸倒引当金等に関する事項

(1) 貸倒引当金の計上は次のとおりとする。

①　営業債権を一般債権、貸倒懸念債権及び破産更生債権等に区分して算定する。一般債権については、過去の貸倒実績率に基づいて受取手形及び売掛金の期末残高の1.2％を引当計上する。破産更生債権等については、債権総額から担保の処分見込額等を控除した残額を引当計上する。

②　貸倒引当金の貸借対照表上の表示は、流動資産及び固定資産の各区分の末尾にそれぞれ一括して控除科目とする。損益計算書上は繰入額と戻入額を相殺した差額で表示するが、破産更生債権等に係るものについては、特別損失に計上する。

⑵　当社は仕入先Ｇ社の銀行借入れ20,000千円について債務保証を行っていたが、当期10月18日にＧ社は破産手続開始の申立てを行ったため、銀行からの債務保証の履行請求に対して当期３月５日に20,000千円の支払いを行い、雑損失として処理している。なお、当社はこの債務保証履行額をＧ社に対して求償中であるが、１年以内に回収される見込みはない。また、この債務保証履行額は貸倒れの危険性が高いため、全額を貸倒引当金に計上すること。

⑶　残高試算表の貸倒引当金の金額は前期末残高であり、すべて一般債権に係るものである。

5　有価証券に関する事項

残高試算表の有価証券の内訳は次のとおりである。

銘　柄	帳簿価額	時　価	発行総数	当社所有数	備　考
Ａ社株式	51,100千円	53,500千円	8,500千株	10,000株	下記⑶①参照
Ｂ社株式	15,600千円	—	240千株	31,200株	下記⑶②参照
Ｃ社株式	63,050千円	62,650千円	9,850千株	40,000株	下記⑶③参照
Ｃ社社債	5,000千円	5,200千円	5,000千口	50,000口	下記⑶④参照
Ｄ社株式	267,750千円	—	6,375千株	1,275,000株	下記⑶⑤参照
Ｅ社株式	12,000千円	11,500千円	7,500千株	8,000株	下記⑶①参照
自己株式	7,500千円	6,750千円	5,000千株	25,000株	下記⑶⑥参照

⑴　有価証券の売却原価の算定は移動平均法によっている。なお、当社が保有する株式は、すべて議決権のある株式である。

⑵　「その他有価証券」の評価は、時価法（評価差額は全部純資産直入法により処理し、税効果会計を適用する。）によっている。市場価格のない株式等については原価法によっている。

なお、時価又は実質価額が取得原価の50％以上下落した場合には減損処理することにしている。

また、前期決算の「その他有価証券」に係る評価仕訳（税効果会計に関する処理を含む。）は、期首に振り戻しを行っている。

⑶①　Ａ社株式及びＥ社株式は株式の短期的な売買（トレーディング）を目的として保有している上場株式である。なお、残高試算表に計上されている有価証券売却損益は、すべて売買目的有価証券に係るものである。

② B社との間の営業取引を長期的に安定させることを目的として取得した非上場株式であるが、B社は当期において2回目の手形の不渡りを出し、銀行取引停止処分となったため、全額減損処理を行う。

③ 業務提携等の目的で取得した上場株式である。

④ 額面金額で取得したものであり、償還期限（X7年9月）まで保有する目的のものである。なお、クーポン利息については適正に処理されている。

⑤ D社株式は前期に取得した非上場株式である。

⑥ 自己株式は、前期以前に一括して取得したものである。当期10月1日に25,000株のうち15,000株を1株250円で処分し、払込金額を仮受金として処理しているのみである。

6 棚卸資産及び仕入高に関する事項

(1) 棚卸資産の期末棚卸高の内訳は、次のとおりである。

	帳簿棚卸高	実地棚卸高	差　額	備　　考
甲商品	27,860千円	30,200千円	△2,340千円	差額はD社からの返品の受入記帳が未済であったことによるものである。
乙商品	20,110千円	20,110千円	—	—

また、残高試算表に記載されている商品の金額は、前期末残高である。

(2) 残高試算表の買掛金には、当期3月分の請求書の二重発行による請求分2,420千円（税込）が含まれている。

7　有形固定資産に関する事項

(1)　建物の期首減価償却累計額は104,150千円であり、耐用年数50年、定額法（残存価額は取得原価の10%）で償却を行うこと。

なお、X2年9月において建物（取得原価60,000千円、期首減価償却累計額14,000千円）が火災により全焼している。当該建物については火災保険が付され、X2年12月に保険会社の査定により保険金50,000千円を受領した。X3年1月において代替資産として建物（取得原価75,000千円）を保険金と自己資金により取得し、同月から事業の用に供している。当社はこれら一連の取引につき受領した保険金を仮受金として、代替資産の購入額を仮払金として処理しているのみである。また、決算に伴い圧縮記帳（直接減額方式）を行う。代替資産の減価償却は、耐用年数50年、定額法（残存価額はゼロ）で償却を行うこと。

(2)　車両運搬具の期首減価償却累計額は6,740千円であり、耐用年数6年、定率法で償却を行うこと。

(3)　器具備品の期首減価償却累計額は20,730千円であり、耐用年数5年、定率法で償却を行うこと。

(4)　減価償却累計額の貸借対照表上の表示は、一括して控除する方法によること。

(5)　減価償却の償却率は次のとおりである。

耐用年数	定額法の償却率	定率法の償却率
50年	0.020	0.045
6年	0.166	0.319
5年	0.200	0.369

8　短期借入金に関する事項

残高試算表の短期借入金には次のものが含まれている。

(1)　丙銀行より借入れたもの　11,200千円（100,000米ドル）

X4年5月31日に一括返済の予定であり、利息については適正に処理されている。

(2)　丁銀行より借入れたもの　28,000千円

X4年1月31日に一括返済の予定であり、利息については適正に処理されている。なお、この借入れに対して、土地20,000千円を担保に供している。

9　退職給付引当金に関する事項

当社は確定給付型の退職一時金制度と企業年金制度を採用しており、従業員の退職給付に備えるため、期末における退職給付債務から期末における年金資産の額を控除した金額をもって退職給付引当金を計上している。また、当社は従業員が300人未満であり高い信頼性をもって数理計算上の見積りを行うことが困難であるため、退職一時金制度においては期末自己都合要支給額を退職給付債務とし、企業年金制度においては年金財政計算上の数理債務を退職給付債務とする方法（簡便法）を採用している。なお、残高試算表の退職給付引当金は前期末残高であり、退職給付費用に係る処理が未了である。

⑴　退職一時金制度における自己都合要支給額、企業年金制度における数理債務及び年金資産の額は、次のとおりである。なお、年金資産の額は、公正な評価額である。

	退職一時金制度	企業年金制度	
	自己都合要支給額	数理債務の額	年金資産の額
当期末	21,670千円	24,520千円	12,220千円
前期末	18,690千円	20,550千円	9,340千円

⑵　当期における退職一時金の支給額は2,520千円、退職年金への拠出金は2,240千円であり、いずれも仮払金に計上している。また、当期における年金給付支払額は1,590千円であった。

10　諸税金に関する事項

⑴　各税目ともに前期末未払計上額と納付額に過不足はなかった。

⑵　法人税、住民税及び事業税の当期確定年税額（中間納付税額及び源泉徴収税額控除前）は115,928千円（うち事業税26,500千円）である。なお、法人税、住民税及び事業税の中間納付額及び源泉徴収された所得税75,500千円（うち事業税16,500千円）並びに消費税等の中間納付額19,780千円は仮払金で処理している。また、事業税の当期確定年税額のうち19,720千円が所得基準により算定された金額である。

11　税効果会計に関する事項

⑴　残高試算表の繰延税金資産は前期末残高から、前期決算の「その他有価証券」に係る評価仕訳の当期首戻入れ（上記5⑵参照）を計上した残高である。

⑵　当期末の一時差異残高及び永久差異残高は次のとおりである。ただし、「5　有価証券に関する事項」で決算整理した「その他有価証券」の評価差額に係る税効果会計適用に関する会計処理を除く。

①　将来減算一時差異　　81,800千円

②　永久差異　　8,000千円

⑶　法定実効税率は35%であり、前期も同様である。

⑷　繰延税金資産の回収可能性に問題はない。

第 6 回

第6回

第 6 回	リース会計等	標準時間：70分
難易度B		満　　点：50点

栗田谷商事株式会社（以下「当社」という。期首発行済株式数は1,000,000株である。）の第15期（自X3年6月1日　至X4年5月31日）の期末現在の決算整理前残高試算表<資料Ⅰ>及び決算整理の未済事項及び参考資料<資料Ⅱ>は、下記のとおりである。

これらの資料と解答留意事項に基づいて、次の各問に答えなさい。

問１　「会社法」及び「会社計算規則」に準拠した、貸借対照表及び損益計算書を完成させなさい。

問２　株主資本等変動計算書を完成させなさい。

〔解答留意事項〕

イ　消費税及び地方消費税（以下「消費税等」という。）の会計処理は税抜方式による。なお、特に指示のない限り、消費税等について考慮する必要はない。

ロ　会計処理及び表示方法については、特に指示のない限り原則的な方法によることとし、金額の重要性については考慮しない。

ハ　関係会社に対する金銭債権債務は、その金銭債権債務が属する項目ごとに、他の金銭債権債務と区分して表示する。

ニ　計算の過程において千円未満の端数が生じた場合には、それぞれ切り捨てる。

ホ　決算日の為替レートは１ドル＝126円である。

ヘ　解答金額については、<資料Ⅰ>期末現在の決算整理前残高試算表における金額欄の数値と同様に、３桁ごとにカンマで区切り、解答金額がマイナスとなる場合には、金額の前に「△」印を付すこと。この方法によっていない場合正解としない。

＜資料Ⅰ＞　期末現在の決算整理前残高試算表

残　高　試　算　表

X4年5月31日　　　　　　　　　　　　　　　　(単位：千円)

科目	金額	科目	金額
現金及び預金	359,716	支払手形	188,798
受取手形	244,400	買掛金	289,641
売掛金	325,600	借入金	161,480
有価証券	160,550	未払金	82,891
繰越商品	337,500	仮受金	24,000
貸付金	5,800	仮受消費税等	512,660
仮払金	44,600	預り金	12,500
仮払消費税等	495,070	貸倒引当金	3,250
建物	351,075	建物減価償却累計額	81,546
車両運搬具	31,662	車両運搬具減価償却累計額	24,852
器具備品	81,000	器具備品減価償却累計額	55,982
土地	507,952	退職給付引当金	311,800
繰延税金資産	94,710	資本金	504,000
仕入	3,842,000	資本準備金	77,200
荷造発送費	64,836	その他資本剰余金	6,000
給料手当	770,250	利益準備金	40,000
租税公課	57,870	別途積立金	270,994
減価償却費	23,198	繰越利益剰余金	55,755
支払リース料	6,000	売上	5,151,625
退職給付費用	15,500	受取利息配当金	6,940
その他の販売管理費	50,871	有価証券売却益	35,260
支払利息	12,000	その他の営業外収益	156
その他の営業外費用	9,300		
器具備品売却損	5,870		
合計	7,897,330	合計	7,897,330

＜資料Ⅱ＞　決算整理の未済事項及び参考資料

1．現金及び預金に関する事項

現金及び預金には、次のものが含まれている。

(1)　積立預金　55,000千円（毎月5,000千円ずつ積立・3年満期）

(2)　定期預金　29,000千円（X5年11月30日満期）

2．売上債権に関する事項

(1)　得意先A社から商品の販売代金として13,000千円が入金されていたものの、決算日現在では当該商品が出荷されていないことが判明した。販売代金は残高試算表では売上として計上されている。なお、当該商品の帳簿棚卸高には影響が及ばない。

(2)　得意先B社への掛売上の返品6,000千円が行われたが商品有高帳の受入記帳を除き未処理である。この掛売上の代金は期末時点において未決済である。

(3)　得意先C社は、当期において2回目の不渡りを起こし銀行取引停止処分となった。期末現在の同社に対する受取手形残高は6,400千円、売掛金残高は12,600千円である。なお、取引開始時に、C社社長個人所有の不動産に担保を設定している（期末現在の時価12,500千円）。当該債権は、1年以内に回収される見込みはない。

3．貸倒引当金に関する事項

受取手形及び売掛金の期末残高に対して貸倒引当金を設定するが、一般債権及び破産更生債権等に区分して算定する。一般債権に対しては、過去の貸倒実績率に基づき受取手形及び売掛金の期末残高の1％を引当計上する。また、破産更生債権等に対しては、債権総額から担保処分見込額を控除した残額を引当計上する。

貸倒引当金の貸借対照表の表示は、流動資産及び固定資産の末尾にそれぞれ一括して控除科目とする。損益計算書においては、繰入額と戻入額とを相殺した差額で表示するが、破産更生債権等に係るものについては、特別損失の区分に計上する。

残高試算表の貸倒引当金残高は一般債権に対する前期末残高である。

4．有価証券に関する事項

有価証券の内訳は次のとおりである。（保有する株式はすべて議決権を有し、売却原価の算定については移動平均法によっている。）

銘　柄	帳簿価額	帳簿数量	時　　価	備考
甲社株式	94,000千円	120,000株	90,000千円	下記(2)参照
乙社株式	21,000千円	40,000株	20,000千円	下記(3)参照
丙社株式	18,550千円	93,750株	―――	下記(4)参照
自己株式	27,000千円	30,000株	―――	下記(5)参照

(1)　前期決算の「その他有価証券」に係る評価仕訳（税効果会計に関する仕訳を含む。）は期首に戻し入れを行っている。

(2)　甲社株式は上場株式であり、発行済株式数は800,000株である。

(3)　乙社株式は上場株式であり、売買目的有価証券に該当するのは、乙社株式のみである。

(4)　丙社株式は非上場株式であり、当社は、丙社の発行済株式数のすべてを所有している。

(5)　当期８月１日に取得したものである。その後、X3年11月15日に15,000株を処分したが、処分代金15,000千円は仮受金に計上しているのみである。

(6)　「その他有価証券」の評価は時価法（評価差額は全部純資産直入法（税効果会計を適用する。））により処理している。

５．棚卸資産に関する事項

商品の期末数量は次のとおりである。商品は先入先出法による原価法（貸借対照表価額は収益性の低下に基づく簿価切下げの方法により算定）により評価しており、帳簿棚卸高に記載の単価は先入先出法により適正に計算されている。

帳簿棚卸高		実地棚卸高		差異の内訳等
数量	単価（原価）	数量	単価（売価）	
69,500個	5,000円	65,000個	5,200円	下記(2)参照

(1)　残高試算表の繰越商品は前期末残高である。

(2)　期末帳簿棚卸高と期末実地棚卸高との数量の差のうち、3,000個は商品有高帳への仕入返品の記帳が未済であったことによるものであり、返品に伴う会計処理は既に行われている。1,000個は期中に商品を見本用に消費したことによるものであり、その処理は商品有高帳も含め一切未処理であった。残りは原価性のある棚卸減耗であり、売上原価の内訳科目として表示する。

当該商品の見積販売直接経費は１個当たり150円である。

６．貸付金に関する事項

貸付金の内訳は、次のとおりである。

(1)　丙社に対するもの（回収期限：X5年５月31日）　3,800千円

(2)　丁社に対するもの（回収期限：X5年９月30日）　2,000千円

(3)　利息については適正に処理済みである。

7．有形固定資産に関する事項

有形固定資産に関する資料は、次のとおりである。減価償却費の計算は以下の(1)に記載されている事項を除き適正に処理されている。また、有形固定資産の貸借対照表の表示は、減価償却累計額を控除した残額のみを記載する方式による。

(1) 当社はX3年6月1日に器具備品についてリース契約を締結し、同日より事業の用に供している。当該リース取引の契約内容等は次のとおりである。

① 解約不能のリース期間：4年

② リース物件（器具備品）の経済的耐用年数：5年

③ リース料は年額6,000千円（総額24,000千円）である。リース料の支払は、X4年5月31日を第1回とし、X7年5月31日を最終日とする毎年5月31日払であり、支払済みのリース料は支払リース料として処理している。

④ 当該取引は所有権移転外ファイナンス・リース取引に該当する。

⑤ リース料総額の現在価値は20,515千円である。

⑥ 当社の見積現金購入価額は20,000千円である。

⑦ リース資産及びリース債務の計上額を算定するに当たっては、リース料総額から利息相当額の合理的な見積額を控除する方法によることとし、当該利息相当額についてはリース期間中の各期に渡り定額で配分する方法によることとする。

⑧ 減価償却はリース期間を耐用年数とし、残存価額をゼロとする定額法によって行う。リース資産は有形固定資産に「リース資産」として表示するものとする。

(2) 当社のI販売部において減損の兆候がみられた。なお、減損会計を適用する場合の資産のグルーピングは、各販売部ごとに行うこととしており、減損損失は資産の種類ごとに帳簿価額に基づき配分するものとする。

（単位：千円）

区　　分	建　物	器具備品	合　計
取得原価	30,000	20,000	50,000
期末現在の減価償却累計額	5,400	12,000	17,400
期末現在の帳簿価額	24,600	8,000	32,600

① 同販売部から得られる割引前将来キャッシュ・フローは29,600千円と見積もられ、また、回収可能価額は28,525千円と見積もられた。

② 減損処理後の貸借対照表の表示は、減損処理前の取得原価から減損損失を直接控除し、控除後の金額をその後の取得原価とする。

8．ソフトウェアに関する事項

社内利用目的でソフトウェアを外部から購入し、X3年12月１日から事業の用に供している。なお、このソフトウェアの利用により将来の費用削減は確実と認められ、償却年数は５年としている。また、ソフトウェアに係る内訳（合計24,000千円）は次のとおりであり、すべて仮払金に計上されている。

購入金額	内　　　容
20,000千円	ソフトウェア代
4,000千円	当社の仕様に合わせるための修正作業費用

9．買掛金に関する事項

買掛金には、親会社であるＹ社からの商品仕入に際して生じたもの66,325千円が含まれている。また、同社から商品を仕入れたが未処理のものが8,000千円ある。（代金は期末日現在未払いであり、商品有高帳への記帳は適正に行われている。）

10．借入金に関する事項

⑴　借入金のうち29,280千円は外貨建てのものであり、借入日の直物レート１ドル＝122円により換算されている。当該借入金は、翌期返済予定である。

⑵　借入金のうち90,000千円はX3年９月に110,000千円借入れ、翌月10月末より毎月均等返済している元本の残額である。期中の処理は適正に行われている。

⑶　X3年６月１日に38,200千円を借入れており、利息は毎月末に支払い、元金はX8年５月31日に一括返済の予定である。また、借入れに際して保証料600千円を前払いしたが、仮払金に計上したのみである。なお、当期に帰属する保証料は、支払利息として処理する。

⑷　残額は全て返済期限が１年以内のものである。

11．従業員賞与に関する事項

賞与引当金は、X4年７月の夏期賞与の支給が159,000千円と見込まれるため、支給対象期間（１月～６月）に応じた金額を引当計上する。

12．純資産に関する事項

⑴　当期８月30日に開催された株主総会において繰越利益剰余金を財源とする20,000千円の配当を行ったが、支払金額を仮払金として処理しているのみである。

⑵　当期３月10日に開催された臨時の株主総会で資本準備金を3,000千円減少させ、その他資本剰余金に計上する決議をした。債権者保護手続きなどの手続きが完了し、その効力が生じているが、会計処理が未済である。

(3) 取引関係強化のため、仕入先M社に対して第三者割当増資を行った。払込金額は9,000千円、新株の発行数は普通株式10,000株、資本金への組入れ額は会社法に定める原則的方法によることとする。払込期日のX3年11月30日に割当全株の払込みが完了したが、仮受金に計上されたままであり、会計処理が未済である。

13. 諸税金に関する事項

(1) 当期の法人税等の年税額は次のとおりである。この年税額から租税公課に計上している中間納付額を差し引いた金額を申告納付額として未払計上する。

① 年税額

法人税及び住民税56,990千円　事業税15,960千円（うち所得割11,690千円）

② 中間納付額

法人税及び住民税35,320千円　事業税9,890千円（うち所得割7,245千円）

(2) 当期の消費税等の年税額は29,300千円である。この年税額から仮払消費税等に計上されている中間納付額11,710千円を差し引いた金額を申告納付額として未払計上する。

14. 税効果会計に関する事項

(1) 「4.有価証券に関する事項」で決算整理した「その他有価証券」の評価差額を除く前期末及び当期末の一時差異残高及び永久差異残高は、次のとおりである。

① 将来減算一時差異　276,400千円（前期末残高　270,600千円）

② 永久差異　5,500千円（前期末残高　5,550千円）

(2) 前期及び当期の法定実効税率は35%である。

(3) 繰延税金資産の回収可能性に問題はないものとする。

15. その他の事項

(1) 有価証券売却益には、業務上の関係を有する会社の株式（当社が議決権の10%を所有）を、その関係解消のためにすべて売却したことによるもの33,260千円が含まれている。なお、残額は売買目的有価証券の売却益である。

(2) 建物に係る火災保険料（支払時にその他の販売管理費として処理している。）のうち、翌期対応分の金額が1,400千円ある。

●財務諸表論　総合計算問題集（基礎編）

第　7　回

第 7 回	退職給付会計（原則法）等	標準時間：70分
難易度B		満　　点：50点

次の<資料１>及び<資料２>に基づき、株式会社シナガワ（以下「当社」という。）の第10期（自X3年４月１日　至X4年３月31日）における貸借対照表及び損益計算書を会社法及び会社計算規則に準拠して作成しなさい。

なお、金額等の単位は故意に小さくしてある。

解答上の留意事項

イ　特に指示のないものについては、原則的な方法で行うものとする。

ロ　金額の計算において千円未満の端数が生じた場合は、切り捨てること。

ハ　解答金額については、残高試算表における金額の数値と同様に、３桁ごとにカンマで区切り、解答金額がマイナスとなる場合には、金額の前に「△」印を付すこと。

ニ　期間配分は、すべて月割計算とする。

<資料1>

残高試算表

X4年3月31日　　(単位：千円)

借方科目	金額	貸方科目	金額
現金預金	7,763	支払手形	1,840
受取手形	9,250	買掛金	4,600
売掛金	8,500	借入金	5,780
有価証券	15,780	未払金	850
繰越商品	4,800	前受金	1,200
短期貸付金	2,000	預り金	860
仮払金	1,560	未払消費税等	1,100
建物	42,000	仮受金	8,970
車両運搬具	8,500	退職給付引当金	7,500
備品	21,000	貸倒引当金	20
土地	49,127	減価償却累計額	11,729
建設仮勘定	3,760	資本金	100,000
ゴルフ会員権	2,000	資本準備金	600
繰延税金資産	3,465	その他資本剰余金	1,000
仕入	56,100	利益準備金	7,500
給料手当	8,900	別途積立金	5,482
広告宣伝費	411	繰越利益剰余金	1,960
租税公課	520	売上	84,672
雑費	524	受取利息	418
支払利息	200	受取配当金	900
売上値引	200	有価証券利息	28
雑損失	530	有価証券売却益	240
車両運搬具売却損	625	雑収入	266
合計	247,515	合計	247,515

<資料２>　決算整理及び修正に際し必要な資料は次のとおりである。

1．現金預金に関する資料は次のとおりである。

⑴　当座預金について銀行残高確認書の金額は4,400千円であった。帳簿残高4,000千円との差異を調査したところ、修繕代金として渡した小切手が未取付であったことが判明した。

⑵　現金預金のうち1,050千円（10,000ドル）は、外貨預金で翌期に満期日が到来するものである。なお、決算日の為替相場は、１ドル＝110円である。

2．受取手形に関する資料は次のとおりである。

受取手形のうち2,000千円は、決済代金を仮受金として処理したものである。

3．貸倒引当金に関する資料は次のとおりである。

受取手形及び売掛金の貸倒損失に備えるため、一般債権については貸倒実績率により、受取手形及び売掛金の期末残高に対して１％を貸倒引当金として計上する。貸倒引当金の繰入額と戻入額は相殺した差額で表示すること。

また、G社に対する当期発生の売掛金が1,250千円あるが、当該会社の業況が低調であり、経営改善計画等の実現可能性を考慮しても債務の一部を条件通りに弁済できない可能性が高い。当該債権を貸倒懸念債権と判断し、G社に対する債権は一般債権と切り放して、個別に回収可能性を検討し債権額から保証による回収見込額1,000千円を控除した残額の50％を貸倒引当金として計上する。G社に対する貸倒引当金繰入は、販売費及び一般管理費に表示すること。なお、残高試算表の貸倒引当金は全額一般債権に係るものである。

4．ゴルフ会員権に関する資料は次のとおりである。

当社はゴルフ会員権を所有している。当該ゴルフ会員権の時価は次のとおりである。

（単位：千円）

銘柄等	取得原価	時価	時価下落額	摘要
ゴルフ会員権	2,000 （預託保証金800を含む）	600	1,400	時価が著しく下落しており、回復の見込がないが、ゴルフ場の運営に問題はない。

時価の下落が著しいため貸倒引当金及び評価損を区分して計上する。

5．有価証券の内訳は次のとおりである。

（単位：千円）

銘　柄	簿　　価	期末市場価格	実質価額	備　　　　考
A社株式	6,000	——	5,980	非上場企業A社は当社の子会社である。
B社株式	2,520	2,680	——	売買目的有価証券に該当する。
C社株式	3,600	——	1,600	非上場株式であり、その他有価証券に該当する。 実質価額が著しく低下しており、回復の見込がない。 当期に取得したものである。
D社株式	3,000	2,700	——	上場株式であり、その他有価証券に該当する。 当期に取得したものである。
E社社債	660	710	——	（注1）

（注1）　E社社債は、X3年4月1日に発行と同時に取得した債券金額700千円、利率年4％（利払日は3月及び9月の末日であり、クーポン利息については適正に処理されている。）、償還期日がX8年3月31日、償還期限まで保有する予定のものであり、満期保有目的の債券に該当する。なお、取得価額と債券金額の差額は、すべて金利の調整部分であると認められる。

（注2）　有価証券の評価は次のとおりである。

売買目的有価証券………時価法（売却原価は移動平均法により算定）

満期保有目的の債券………償却原価法（定額法）

子会社株式………移動平均法による原価法

その他有価証券………時価法（評価差額は全部純資産直入法により処理し、税効果会計を適用する。売却原価は移動平均法により算定）、ただし、市場価格のない株式等は、移動平均法による原価法

（注3）　残高試算表の有価証券売却益の内訳は、B社株式の売却によるもの190千円及び業務提携の目的で保有していたH社株式の売却によるもの50千円である。

6．商品に関する資料は次のとおりである。

（単位：千円）

	帳簿棚卸高	実地棚卸高	差異の内容
A 商 品	3,500	3,350	下記(3)①参照
B 商 品	1,450	1,500	下記(3)②参照

(1) 残高試算表の繰越商品は、前期末残高である。

(2) 商品の評価は先入先出法による原価法（貸借対照表価額は収益性の低下に基づく簿価切下げの方法により算定）を採用している。

(3)① 差異の原因は原価性のある減耗によるもの80千円、収益性の低下によるもの70千円である。なお、棚卸減耗損については、販売費及び一般管理費に表示するものとする。

② 差異の原因は、掛仕入れしたものの会計処理が未済であったことによるものであり、代金は期末現在未決済である。

7．有形固定資産に関する資料は次のとおりである。

（単位：千円）

区 分	取得原価	減価償却累計額	償却率	償却方法	備 考
建 物	42,000	5,445	0.025	定額法	下記(5)参照
車両運搬具	8,500	4,784	0.250	定率法	下記(6)参照
備 品	21,000	1,500	0.250	定率法	下記(7)参照

(1) 減価償却累計額は車両運搬具を除き前期末残高である。

(2) 残存価額は指示のあるものを除き取得原価の10％とする。

(3) 減価償却費の計算は月割で行い、1ヶ月未満の端数は切り上げて1ヶ月として計算する。

(4) 有形固定資産の貸借対照表での表示は、減価償却累計額を一括して控除する形式により記載する方法による。

(5) 建物のうち20,000千円は当期首に営業所建物として取得し、使用を開始しているものである。当社は当該営業所建物を使用後に除去する法的義務があり、除去するときの支出は3,000千円と見積もられている。当社は当該営業所建物について残存価額ゼロで定額法（償却率：0.034）により減価償却を行うものとする。また、資産除去債務に関する会計処理が未済である。なお、資産除去債務の算定に際して用いられる割引率は2％とし、期間30年の現価係数は0.55とする。

(6) 車両運搬具のうち一部（取得原価2,000千円、期首減価償却累計額875千円）を当期9月30日に500千円で下取りに出し、新車両に買換え、翌日より事業の用に供した。新車両の代金は下取り価額を差し引き、残額の1,000千円について翌期5月20日に支払う予定であり、下記の仕訳を行っている。

なお、新車両の減価償却費の計算は従来と同様の償却率及び償却方法を用いて計算する。

（減価償却累計額）	875千円	（車 両 運 搬 具）	2,000千円
（車 両 運 搬 具）	1,500千円	（買　　掛　　金）	1,000千円
（車両運搬具売却損）	625千円		

(7) 備品のうち15,000千円は当期首に取得し、使用を開始しているものである。この取得にあたり、国から資本助成の目的により5,000千円を受領しており、直接減額方式による圧縮記帳を行う。なお、当社は国からの受領金を仮受金に計上しており、また、減価償却費の計上及び圧縮記帳に関する会計処理も未済である。

(8) 上記表のほか、当社はX3年4月1日に備品につきリース契約を締結し、同日より事業の用に供している。当該リース取引の契約内容等は次のとおりである。

＜リース契約の内容等＞

・解約不能のリース期間　3年

・リース物件の経済的耐用年数　4年

・リース料は年額600千円（リース料総額1,800千円）である。リース料の支払いは、X4年3月31日を第1回とし、X6年3月31日を最終回とする毎年3月31日払いであり、支払済リース料は仮払金として処理している。

・当該リース取引は所有権移転外ファイナンス・リース取引に該当する。

・当社の見積現金購入価額は1,730千円である。

・リース料総額の現在価値は1,698千円である。

・貸手の計算利子率は知り得ない。当社の追加借入に適用されると合理的に見積もられる利率は3％である。

・見積現金購入価額をリース資産の取得原価とする場合の計算利子率は2％とする。

・リース資産及びリース債務の計上額を算定するに当たっては、リース料総額からこれに含まれている利息相当額の合理的な見積額を控除する方法によることとし、当該利息相当額についてはリース期間にわたり利息法により配分することとする。

・減価償却はリース期間を耐用年数とし、残存価額をゼロとする定額法によって行う。リース資産は有形固定資産に一括してリース資産として表示するものとする。

8．借入金に関する資料は次のとおりである。

借入金の内訳は次のとおりである。

（単位：千円）

借入先	借入残高	借入年月日	返済期日及び方法	備考
米国Ｆ社	2,180	X3年４月１日	X4年９月30日 一括返済	（注）
Ｉ 銀 行	3,600	X2年４月１日	借入月より毎月末 200ずつ分割返済	―

（注） 20,000ドルの外貨建借入金であり、当該借入金は借入日の為替相場で計上されている。

9．賞与引当金に関する資料は次のとおりである。

X4年６月に従業員に対して支給する賞与の支出に充てるため、支給見込額に基づき500千円を計上する。

10．退職給付引当金に関する資料は次のとおりである。

当社は、従業員の退職給付に備えるため確定給付型の退職一時金制度及び企業年金制度を採用している。当期末における退職給付債務及び年金資産の見込額に基づき、退職給付引当金を計上する。

⑴ 当期首における退職給付引当金に関する資料
　年金資産（公正な評価額） 1,500千円
　退職給付債務（実際額） 10,000千円

⑵ 勤務費用 880千円

⑶ 利息費用 （各自計算）千円

⑷ 割引率 年1.5％

⑸ 長期期待運用収益率 年２％

なお、定年退職者に対する期中の退職一時金の支払450千円及び年金掛金の拠出550千円については、適正に処理済みである。また、年金基金からの支給として500千円が支払われている。

11．給料手当の締切後の未払額が850千円ある。

12. 社債に関する資料は次のとおりである。

仮受金のうち1,970千円は、当期12月1日に以下の条件で発行した社債の払い込みを受けた金額である。

<社債の発行条件等>

・額 面 金 額　2,000千円

・満　期　日　X8年11月30日

・約定利子率　年1.5%

・利　払　日　5月末日及び11月末日

・社債の価額の算定は償却原価法（定額法）を適用すること。

13. 法人税等に関する資料は次のとおりである。

当期の確定年税額は法人税及び住民税が1,950千円、事業税が610千円（うち所得割によるもの460千円）である。なお、法人税及び住民税の中間納付額750千円及び事業税の中間納付額210千円（うち所得割によるもの160千円）は、仮払金として処理している。

14. 税効果会計に関する資料は次のとおりである。

(1) 残高試算表の繰延税金資産は前期末残高である。

(2) 5.の有価証券の資料で決算整理したその他有価証券の評価差額を除く当期末の将来減算一時差異は10,500千円（前期末9,900千円）である。

(3) 前期、当期及び次期以降における各税率で算定した当社の法定実効税率は35%である。

(4) 繰延税金資産の回収可能性に問題はないものとする。

15. 剰余金の処分に関する資料は次のとおりである。

X3年6月27日開催の定時株主総会で次の内容の剰余金の処分が承認されている。

<期末配当に関する事項>

・配当財産の種類　　金銭とする。

・配当総額　　　　　1,200千円

・配当財源　　　　　繰越利益剰余金

・配当の効力が生ずる日　X3年6月28日

なお、支払った配当金については適正に処理されているが、これに係る準備金の積立てが期末現在行われていない。

●財務諸表論　総合計算問題集（基礎編） 

第　8　回

第 8 回	外貨建有価証券を含む貸借対照表・損益計算書／注記事項
難易度B	

標準時間：70分
満　　点：50点

（問１）

〔資料Ⅰ〕、〔資料Ⅱ〕及び〔資料Ⅲ〕に基づき、株式会社坂田商事の第18期（自X3年４月１日　至X4年３月31日）における貸借対照表及び損益計算書を会社法及び会社計算規則に準拠して作成しなさい。

（問２）

答案用紙に示す個別注記表（一部抜粋＜貸借対照表等に関する注記＞）を会社法及び会社計算規則に準拠して作成しなさい。

（問３）

〔資料Ⅲ〕の「重要な会計方針に係る事項」に関する注記（一部抜粋）の（　イ　）～（　ヌ　）に当てはまる用語を【選択肢】から選択し、答案用紙の解答欄に①～⑳のうち当てはまる番号を記入して完成させなさい。なお、【選択肢】は１度のみ使用すること。

解答上の留意事項

イ　消費税及び地方消費税（以下「消費税等」という。）の会計処理は税抜方式を採用している。また、消費税等の取扱いは〔資料Ⅱ〕の指示に従うこと。

ロ　会計処理及び表示方法については、特に指示のない限り原則的方法によるものとし、金額の重要性は考慮しないものとする。

ハ　日数の計算は、便宜上すべて月割計算で行うものとする。

ニ　計算の過程で生じた千円未満の端数は切り捨てるものとする。

ホ　解答金額については、〔資料Ⅰ〕の決算整理前残高試算表における金額欄の数値と同様に、３桁ごとにカンマで区切り、解答金額がマイナスとなる場合には、金額の前に「△」印を付すこと。この方法によっていない場合には正解としないので注意すること。

〔資料Ⅰ〕決算整理前残高試算表

残　高　試　算　表

X4年３月31日　　　　（単位：千円）

勘定科目	金額	勘定科目	金額
現金預金	195,450	支払手形	146,365
受取手形	277,350	買掛金	127,535
売掛金	352,650	借入金	179,000
有価証券	40,600	未払金	34,500
繰越商品	87,000	未払費用	750
前払費用	1,355	仮受金	567
短期貸付金	27,000	仮受消費税等	188,670
自己株式	52,000	長期預り金	3,000
仮払金	13,000	退職給付引当金	93,000
仮払消費税等	154,552	貸倒引当金	21,988
建物	653,000	建物減価償却累計額	260,825
車両運搬具	60,000	車両運搬具減価償却累計額	28,750
器具備品	65,000	器具備品減価償却累計額	31,462
土地	105,253	資本金	275,000
建設仮勘定	2,000	資本準備金	75,000
借地権	59,500	その他資本剰余金	20,000
繰延税金資産	60,655	利益準備金	16,750
その他の投資等	9,732	別途積立金	492,040
仕入	1,275,000	繰越利益剰余金	48,013
販売費及び一般管理費	424,899	売上	1,886,700
支払利息	2,135	受取利息配当金	2,100
雑損失	5,550	有価証券利息	1,000
建物除却損	4,687	有価証券売却益	6,650
法人税等	14,847	雑収入	3,550
合計	3,943,215	合計	3,943,215

〔資料Ⅱ〕決算整理の未済事項及び参考事項

1　現金預金に関する事項

(1)　A銀行に対する当座預金の帳簿残高△7,625千円に対し銀行残高は△7,925千円であった。差額は、水道光熱費の引き落とし分300千円が未記帳であることによるものである。

(2)　B銀行に対する当座預金の帳簿残高△250千円に対し銀行残高は1,250千円であった。差額は、広告宣伝費の支払いのために振り出した小切手1,500千円が未渡しであることが判明した。

(3)　A銀行に対する定期預金は25,000千円（満期日はX5年4月30日）であり、B銀行に対する積立預金は81,000千円（毎月末1,500千円ずつ積み立て、5年満期のもの）である。

(4)　A銀行及びB銀行ともに当座借越契約を締結している。

2　貸倒引当金等に関する事項

(1)　貸倒引当金の計上は次のとおりとする。

①　営業債権を一般債権、貸倒懸念債権及び破産更生債権等に区分して算定する。一般債権については、過去の貸倒実績率に基づいて受取手形及び売掛金の期末残高の2％を引当計上する。貸倒懸念債権については、債権総額から担保の処分見込額等を控除した残額の50％相当額を引当計上する。破産更生債権等については、債権総額から担保の処分見込額等を控除した残額を引当計上する。

②　貸倒引当金の貸借対照表上の表示は、流動資産及び固定資産の末尾にそれぞれ一括して控除科目として表示する。損益計算書上は繰入額と戻入額を相殺した差額で表示し、破産更生債権等に該当するものについては、特別損失に計上する。

(2)　得意先C社に対する債権は前期において貸倒懸念債権に区分し、取引を停止していたが、C社はX4年1月に二度目の不渡りを発生させ、銀行取引停止処分になった。C社に対する債権は受取手形5,240千円及び売掛金2,710千円である。なお、C社から3,000千円の定期預金証書を担保として入手している。

(3)　得意先D社に対する債権は前期において貸倒懸念債権に区分し、取引を停止していたが、D社はX3年11月に民事再生法の適用を申請し、X4年2月に再生計画が決定され、債権の85％は切り捨てられ、残り15％については当期から5年間で均等返済されることになった。D社に対する債権は売掛金18,900千円であるが、再生計画決定に伴う会計処理は未済である。また、再生計画に基づく当期分の返済567千円は入金済で仮受金に計上されている。

なお、再生計画が決定されたとはいえ、D社の再建は不透明であり、債権は破産更生債権等に属するものとし、今後の分割返済額については、決算期以後1年以内に返済期限が到来するものについても、その全額を投資その他の資産に計上するものとする。

(4) 決算整理前残高試算表に記載されている貸倒引当金の金額は前期末残高であり、一般債権に係る額10,063千円、C社に係る額2,475千円及びD社に係る額9,450千円である。

3 有価証券に関する事項

有価証券の内訳は以下のとおりである。

銘　柄	数　量	取得原価	期末における1株当たりの市場価格	1株当たりの純資産額	備　考
G社株式	295株	8,260千円	—	24,000円	下記(4)①参照
H社株式	50,000株	13,000千円	294円	—	下記(4)②参照
I社株式	322株	12,880千円	—	45,000円	下記(4)③参照
X社株式	1,000株	6,460千円	30USドル	—	下記(4)④参照

(1) 有価証券は関係会社株式に該当するもの以外はすべて「その他有価証券」に該当する株式である。「その他有価証券」の評価については、時価法（評価差額は全部純資産直入法（税効果会計を適用する。））により処理する。ただし、市場価格のない株式等については移動平均法による原価法によっている。

(2) 期末時価（市場価格のない株式については対象会社の1株当たり純資産額に株数を乗じた金額）が、それぞれ取得原価より50%以上下落した場合には減損処理することとしている。また、この減損処理は、税務上もその全額が損金として認められるものとする。

(3) 前期決算の「その他有価証券」に係る評価仕訳（税効果会計に関する仕訳を含む。）は期首に戻入れを行っている。

(4) 上記の有価証券の備考の内容は以下のとおりである。

① G社株式は非上場株式であり、当社はG社の議決権の12.5%を所有している。

② H社株式は上場株式である。なお、当該有価証券はJ社に対する短期借入金4,000千円の担保に供されている。

③ I社株式は非上場株式であり、当社がI社の議決権のすべてを所有している。

④　米国X社株式は海外で上場している。取得時の為替レートは95円/ＵＳドル、取得時の１株当たりの市場価格は68ＵＳドルであった。なお、決算期末日の為替レートは120円/ＵＳドルである。

4　自己株式に関する事項

決算整理前残高試算表の自己株式は、株式の消却を行うために前期において適正に100千株取得したものである。この株式のうちX3年11月30日に取締役会の決議に基づき75千株の消却手続が完了し、120千円の手数料を支払っているが、当該手数料を雑損失として処理しているのみである。

5　棚卸資産に関する事項

棚卸資産の期末残高は以下のとおりである。

種　類	帳簿棚卸高	実地棚卸高	差　　額	差異の内訳等
Ｔ商品	127,550千円	125,350千円	2,200千円	下記(3)参照

(1)　決算整理前残高試算表の繰越商品残高は、前期末残高である。

(2)　棚卸資産の評価は、先入先出法による原価法（貸借対照表価額は収益性の低下による簿価切下げの方法により算定）を採用している。

(3)　差額のうち1,500千円はX4年１月より器具備品として使用しているものであり、未処理である。残額は期末日において返品したものの商品有高帳への記帳漏れによるものであり、これに伴う仕入取引の取消についても未処理である。なお、この返品分に係る仕入代金770千円（うち消費税等は70千円）は期末現在未払いである。

6　有形固定資産に関する事項

有形固定資産に関する減価償却費の計算は、次の(2)から(3)及びＴ商品の振替分に係る計算を除き終了している。

(1)　減価償却の取扱いは次のとおりとする。

①　減価償却費の計算は月割りで行い、１ヶ月未満の端数は切り上げて１ヶ月として計算する。

②　有形固定資産の貸借対照表での表示は、減価償却累計額を控除した残額のみを記載する方法とする。

③　残存価額は、取得原価の10％とする。

④　下記(2)から(3)及びT商品の振替分に係る有形固定資産の減価償却はすべて下記の表により行うこととする。

区　　分	償 却 率	償却方法
建　　物	0.042	定額法
建物附属設備	0.125	定額法
器 具 備 品	0.438	定率法

(2)　X3年7月4日に、老朽化した消火、排煙設備及び格納式避難設備を除却し、新たに取得原価8,000千円の新設備（建物附属設備に該当する。）の設置を行い、当該設備は同月より使用を開始している。除却に関する処理は適正に行われているが、新設備に関しては、支払金額を仮払金として処理しているのみである。

(3)　X3年5月19日に、倉庫の建設を行い、X3年12月17日に完成・引渡しを受け、同月より事業の用に供している。この建設代金のうち2,000千円は前もって期中小切手を振り出して支払い、全額を建設仮勘定で処理している。残金3,000千円は、X4年4月30日を第1回目とする3ヶ月ごとに満期をむかえる同額の手形5枚を振り出しており、以下の処理をしている。

借方：(建　　　　物)　3,000千円　　貸方：(支　払　手　形)　3,000千円

(4)　U事業部に係る固定資産は一つの資産グループとしているが、U事業部は経営環境が著しく悪化しており、減損の兆候が認められた。

①　U事業部に係る固定資産の内訳は次のとおりである。

土　　地	30,000千円
建　　物	30,000千円（取得原価100,000千円、減価償却累計額70,000千円）
器具備品	15,000千円（取得原価20,000千円、減価償却累計額5,000千円）

②　主要な資産の経済的残存使用年数は10年であり、将来キャッシュ・フローは次のように見積もっている。

X5年3月期からX14年3月期まで：各年度2,500千円

X14年3月期末における正味売却価額：5,000千円（処分費用見込額控除後）

③　割引率は3％とし、期間10年の年金現価係数は8.530、現価係数は0.744とする。

④　現時点での正味売却価額（処分費用見込額控除後）は25,000千円である。

⑤　減損処理を行う場合、認識された減損損失は、当期末の帳簿価額に基づく比例配分により各資産に配分すること。

⑥　減損処理後の貸借対照表の表示は、減損処理前の取得原価から減損損失を直接控除し、控除後の金額をその後の取得原価とする（直接控除方式）。

7　借入金に関する事項

借入金の内訳は次のとおりである。

(1)　X3年９月１日に180,000千円の借り入れを行っている。X4年１月31日を第１回とし、X8年７月31日まで毎年１月末と７月末の年２回元金均等返済を行う。また、利息も元金返済日に支払いを行う。金利は年2.0％である。

なお、この借入金については、当期の元金の返済及び利息の支払いについて適正に行われているが、経過利息の会計処理は未済である。

(2)　取締役O氏から借り入れた短期のもの2,000千円及び長期のもの8,000千円が含まれている。

(3)　残額は全て返済期限が１年以内のものである。

8　従業員賞与に関する事項

従業員の賞与について、給与規程に基づく賞与支給見込額のうち、当期負担分40,000千円を賞与引当金として計上する。

税務上、賞与は、支出時に損金に算入されることになっているので、賞与引当金繰入額に対して税効果会計を適用するものとする。

9　退職給付引当金に関する事項

当社は、従業員の退職給付に備えるため退職一時金制度及び企業年金制度を採用しており、数理計算上の差異は10年間で定額法により発生年度の翌期から費用処理する。また、当期首の未認識数理計算上の差異はすべて前期に発生したものである。

（単位：千円）

区　　　分	当期首	当期末	備　　　考
退職給付債務	300,000	320,000	実際の計算結果
年金資産	200,000	215,000	公正な評価額
未認識数理計算上の差異	7,000	各自推定	
退職給付引当金	93,000	各自推定	

当期における勤務費用は25,280千円、割引率は1.8％、長期期待運用収益率は２％であり、退職一時金支払額3,000千円及び年金掛金拠出額2,000千円が仮払金に計上されているのみである。

また、年金資産からの支払額は8,000千円である。

税務上、退職給付費用は損金として認められないため税効果会計を適用するものとする。

10　諸税金に関する事項

(1)　決算整理前残高試算表の法人税等14,847千円は、法人税及び住民税の中間納付額16,097千円から、更正により受け取った法人税、住民税及び事業税の還付税額1,250千円を控除した金額である。

(2)　当期の確定年税額（中間納付額及び源泉徴収税額控除前）は、法人税及び住民税31,772千円、事業税9,355千円（うち付加価値割・資本割合計1,889千円）である。なお、源泉徴収された所得税620千円、事業税の中間納付額4,210千円（うち付加価値割・資本割合計850千円）は販売費及び一般管理費として処理されている。

　また、消費税等の中間納付額6,720千円は販売費及び一般管理費に計上されているが、期末振替処理は未了であり、確定納付税額は未払消費税等に計上する。

11　税効果会計に関する事項

(1)　上記において税効果会計適用の指示があるもの以外の当期末の将来減算一時差異は26,045千円である。

(2)　繰延税金資産及び繰延税金負債の表示に当たっては、繰延税金資産と繰延税金負債を相殺した純額表示をするものとする。

(3)　前期及び当期の法定実効税率は35％である。

(4)　繰延税金資産の回収可能性に問題はないものとする。

12　その他参考事項

(1)　Ｉ社の借入金（当期末残高20,000千円）に対し債務保証を行っている。

(2)　当期６月19日に開催された株主総会において、資本準備金23,000千円を減少し、同額のその他資本剰余金を増額することが決議され、減少の効力は生じているが、これに関しては何ら処理がされていない。

〔資料Ⅲ〕「重要な会計方針に係る事項」に関する注記（一部抜粋）

1　有価証券の評価基準及び評価方法

子会社株式…移動平均法による（　イ　）

その他有価証券

（　ロ　）のない株式等以外のもの…期末日の（　ロ　）等に基づく（　ハ　）（評価差額は（　ニ　）により処理し売却原価は移動平均法により算定）

（　ロ　）のない株式等…移動平均法による（　イ　）

2　棚卸資産の評価基準及び評価方法

商　品…（　ホ　）（貸借対照表価額は（　ヘ　）の低下に基づく（　ト　）の方法により算定）

…（中略）…

4　引当金の計上基準

貸倒引当金…受取手形及び売掛金の貸倒損失に備えるため、一般債権については（　チ　）により、貸倒懸念債権等特定の債権については個別に回収可能性を勘案し、（　リ　）を計上している。

賞与引当金…従業員に対して支給する賞与の支出に充てるため、支給見込額に基づき計上している。

退職給付引当金…従業員の退職給付に備えるため、当期末における（　ヌ　）及び年金資産の見込額に基づき計上している。

【選択肢】

①　収益性	②　全部純資産直入法	③　時価法
④　最終仕入原価法	⑤　期別総平均法による原価法	⑥　貸倒引当金繰入額
⑦　退職給付債務	⑧　貸倒損失	⑨　市場価格
⑩　簿価切下げ	⑪　先入先出法による原価法	⑫　退職給付引当金
⑬　回収不能見込額	⑭　完成品換算量による原価法	⑮　見込利用可能期間
⑯　貸倒実績率	⑰　簿価切上げ	⑱　貸倒引当金
⑲　原価法	⑳　部分純資産直入法	

●財務諸表論 総合計算問題集(基礎編)

第 9 回

第 9 回	製造業の貸借対照表・損益計算書・製造原価報告書	標準時間：80分
難易度B		満　　点：50点

【資料1】及び【資料2】に基づき、次の⑴及び⑵の各問に答えなさい。

⑴ 萩製造株式会社（以下「当社」という。）の第28期（自X3年4月1日　至X4年3月31日）における貸借対照表及び損益計算書を「会社法」及び「会社計算規則」に準拠して作成するとともに、個別注記表のうち貸借対照表等に関する注記を記載しなさい。

⑵ 製造原価報告書を作成しなさい。

解答留意事項

イ　消費税及び地方消費税（以下「消費税等」という。）の会計処理は税抜方式で処理されているものとし、特に指示のない限り消費税等について考慮する必要はないものとする。

ロ　会計処理及び表示方法については、特に指示のない限り原則的な方法によるものとし、金額の重要性は考慮しないものとする。

ハ　計算の過程で生じた千円未満の端数は切り捨てるものとする。

ニ　日数の計算は、すべて月割計算で行うものとする。

ホ　貸借対照表の表示に関して、関係会社に対する金銭債権及び金銭債務は一括して注記する方法によるものとする。

ヘ　解答金額については、【資料1】の残高試算表における金額欄の数値と同様に、3桁ごとにカンマで区切り、解答金額がマイナスとなる場合には、金額の前に「△」を付すこと。この方法によっていない場合には正解としないので注意すること。

【資料１】当社の残高試算表

残 高 試 算 表

X4年３月31日　　　　　　　　　　(単位：千円)

勘定科目	金額	勘定科目	金額
現金預金	521,923	支払手形	82,062
受取手形	627,196	買掛金	1,010,436
売掛金	1,240,306	借入金	344,878
有価証券	1,166,205	未払金	149,816
製品	284,226	仮受金	200,000
材料	42,996	未決算	100,000
仕掛品	64,962	前受収益	2,220
貯蔵品	3,220	預り金	25,851
短期貸付金	220,966	仮受消費税等	1,293,810
仮払金	307,725	長期未払金	39,268
仮払消費税等	829,890	退職給付引当金	240,600
前払費用	36,740	営業保証金	40,000
その他の流動資産	217,705	貸倒引当金	3,206
建物	1,700,000	建物減価償却累計額	745,311
機械装置	939,000	機械装置減価償却累計額	565,793
車両運搬具	73,300	車両運搬具減価償却累計額	41,044
器具備品	327,000	器具備品減価償却累計額	240,921
土地	1,133,797	資本金	770,000
建設仮勘定	58,158	資本準備金	446,000
特許権	6,250	利益準備金	85,000
借地権	17,322	別途積立金	2,636,256
ソフトウェア	7,590	繰越利益剰余金	47,070
その他の無形固定資産	7,526	売上	12,938,108
長期貸付金	109,624	受取利息配当金	191,554
繰延税金資産	320,810	有価証券売却損益	15,300
その他の投資等	129,026	雑収入	39,849
材料仕入	5,531,766		
その他の労務費	1,529,610		
外注加工費	130,000		
その他の製造経費	1,540,013		
販売費及び一般管理費	3,109,019		
支払利息	33,738		
社債利息	2,450		
雑損失	24,039		
法人税等	255		
合計	22,294,353	合計	22,294,353

【資料２】決算整理の未済事項及び参考事項

1　現金預金に関する事項

⑴　甲銀行の当座預金残高57,983千円に対し、当社の帳簿残高は763千円であった。

両者の差額の原因については、以下のとおりである。

①　広告費の支払代金の未取付額　9,450千円

②　売掛金の回収の未記帳額　47,770千円

⑵　乙銀行の当座預金残高△24,521千円に対し、当社の帳簿残高は50,679千円であった。

両者の差額の原因については、以下のとおりである。

①　買掛金の決済に振り出した手形の期日落ちの未記帳額　75,600千円

②　買掛金の決済に振り出した小切手の未渡し額　400千円

⑶　当社は、すべての取引銀行と当座借越契約を締結している。

⑷　現金預金には次の定期預金が含まれている。

（単位：千円）

預入日	満期日	帳簿残高	備考
X3年４月末	X4年４月末	15,000	
X3年10月末	X5年10月末	25,000	
X3年７月末	X4年７月末	23,600	下記参照

額面200千ＵＳドルの外貨建て定期預金であり、決算日の直物レートは125円/ＵＳドルである。

2　金銭債権に関する事項

⑴　得意先Ｘ社に対する期末帳簿残高は、受取手形4,764千円及び売掛金12,250千円である。同社はX4年３月に二度目の不渡りを発生させており、銀行取引停止処分を受けている。なお、同社に対して担保設定等の保全措置は講じていなかった。

⑵　当期から新たに取引を開始したＹ社は、X4年１月７日に民事再生法の申請をした。同社に対する期末帳簿残高は、受取手形33,632千円及び売掛金67,264千円である。なお、取引開始時に、担保として営業保証金32,330千円を受け入れている。

⑶　残高試算表の受取手形には、X3年４月１日にＧ社に対し土地の売却をした際に受け取った手形100,000千円（期日：X5年３月31日）が含まれている（土地の売却時点における処理は、【資料２】６⑵を参照）。

(4) 長期貸付金のうち100,000千円はＦ社に対するものであり、Ｆ社はかねてより業績不振であり、当社はＦ社より支払条件の緩和を求められていたため、X4年３月31日に、返済期日は変更せずX4年４月１日より金利を年１％とする旨の契約に変更した。なお、X4年３月31日には当初の契約どおりの利息の支払があり、適正に処理されている。当該Ｆ社に対する長期貸付金は貸倒懸念債権として扱うものとする。

【表１】 当初の契約内容

貸付金額	貸付日	期間	金利	利払日	返済期日
100,000千円	X2年４月１日	５年	年３％	年１回 （３月31日）	X7年３月31日 （期限一括返済）

【表２】 残存期間におけるキャッシュ・フローの比較表

	X5年３月31日	X6年３月31日	X7年３月31日	合計
当初の契約内容	3,000千円	3,000千円	103,000千円	109,000千円
変更後の契約内容	1,000千円	1,000千円	101,000千円	103,000千円

3 貸倒引当金に関する事項

(1) 貸倒引当金の計上は次のとおりである。

① 貸倒見積高の算定に当たっては、債権を一般債権、貸倒懸念債権、破産更生債権等に区分する。一般債権については、過去の貸倒実績率に基づいて営業債権（受取手形及び売掛金）と営業外債権（貸付金及び営業外受取手形）の１％相当額を引当計上する。貸倒懸念債権については、変更後の契約内容による将来キャッシュ・フローを当初の契約による約定利子率で割り引いた金額の総額と債権の帳簿価額との差額を貸倒見積高とする方法に基づき引当計上する。破産更生債権等については、債権総額から営業保証金を控除した残額を引当計上する。なお、破産更生債権等はすべて１年以内に回収される見込みはない。

② 貸借対照表上の貸倒引当金は、流動資産及び固定資産の末尾にそれぞれ一括して控除科目として表示する。損益計算書上は繰入額と戻入額を相殺した差額で表示するが、破産更生債権等に該当するものについては、特別損失に計上する。

(2) 残高試算表の貸倒引当金は一般債権に対する前期末残高であり、その内訳は営業債権に係る額1,206千円及び営業外債権に係る額2,000千円である。

4　有価証券に関する事項

有価証券の内訳は次のとおりである。

（単位：千円）

銘　　柄	帳簿価額	期末時価	備　　考
B 社 株 式	198,765	94,650	上場株式
C 社 株 式	213,300	——	議決権の20％を保有（非上場株式）
D 社 株 式	353,350	——	議決権の100％を保有（非上場株式）
E 銀 行 株 式	175,390	162,390	上場株式
自 己 株 式	225,400	227,500	前期に200,000株を取得したもの

(1)　上記表中には、売買目的有価証券に該当するものはない。

(2)　「その他有価証券」の評価は、時価法（評価差額は全部純資産直入法（税効果会計を適用する。）により処理し、売却原価は移動平均法により算定する。）によっている。ただし、市場価格のない株式等については移動平均法による原価法によっている。なお、前期決算の「その他有価証券」にかかる評価仕訳（税効果会計に関する処理を含む。）は、期首に振り戻しを行っている。

(3)　期末時価が取得原価の50％以上下落したときは減損処理を行うものとする。

(4)　上記表以外にR社株式（長期的な時価の変動により利益を得ることを目的としたものであり、経常的な取引に該当する。）をX3年11月に売却している。残高試算表の有価証券売却損益はその際に生じたものである。

5　棚卸資産に関する事項

棚卸資産の期末棚卸の結果は、次のとおりである。なお、残高試算表の製品、材料及び仕掛品は前期末残高である。

（単位：千円）

項　　目	帳簿棚卸高	実地棚卸高	差　　額	備　　考
製 品 一 型	217,640	216,040	1,600	下記(1)参照
製 品 二 型	46,752	45,752	1,000	下記(2)参照
材　　　料	44,762	44,362	400	下記(3)参照
仕　掛　品	64,288	64,288	0	—
事務用消耗品	—	3,140	—	下記(4)参照

(1)　差額は出荷済みの製品一型について、払出記帳が未済であったことにより生じたものである。当社の売上計上基準は出荷基準であり、売上処理については適正に処理済みである。

(2) 差額は得意先にサンプルとして製品二型を払出したことにより生じたものであるため、販売費及び一般管理費に振替計上する。

(3) 差額は原価性のある棚卸減耗により生じたものである。

(4) 期中の購入分については販売費及び一般管理費に計上されており、期末に実地棚卸に基づく未使用分を原価法により評価している。なお、残高試算表の貯蔵品は当該事務用消耗品の前期末残高である。

6 有形固定資産に関する事項

(1) 当期の減価償却費の計算は、次に掲げる資産に記載されている事項を除き適正に終了している。なお、残存価額は取得価額の10％とし、減価償却計算は使用した月数により行い、1ヶ月未満の端数は切り上げて1ヶ月として行うものとする。また、残高試算表の販売費及び一般管理費（減価償却費）には、販売管理部門に係るもの13,928千円、製造部門に係るもの132,951千円が含まれている。

減価償却を行う有形固定資産の貸借対照表の表示は、減価償却累計額を有形固定資産に対する控除項目として一括して記載する方法による。減損損失累計額については直接控除形式による。

（単位：千円）

区　分	取得価額	期首減価償却累計額	償却率	償却方法	備　考
営業所建物	200,000	54,000	0.030	定額法	—
工場建物	500,000	202,500	0.030	定額法	—
器具備品	55,000	5,775	0.100	定額法	（注）

（注） 器具備品の取得価額の内訳は、工場が40,000千円、営業所が10,000千円、本社が5,000千円であり、いずれも前期以前より使用している。

(2) X3年4月1日において営業所建設予定で保有していた土地（取得価額：87,525千円）を売却した。その際に下記の処理を行っている。

（受　取　手　形） 100,000千円　　（未　決　算） 100,000千円

(3) 当社の工場（一部）について減損の兆候が見られる。これらの資産は一体となってキャッシュ・フローを生成しているため、下記表に示す各資産グループについては、単一の資産グループとし、減損の存在が相当程度確実な場合にはその減損損失を認識する。なお、減損損失の配分については資産の帳簿価額に基づいて資産の種類別に比例配分を行うこととする。また、この減損損失額は税効果会計上の一時差異に該当する。

（単位：千円）

資産グループ	各固定資産	帳簿価額※	割引前の将来キャッシュ・フロー	割引後の将来キャッシュ・フロー	正味売却価額
Aグループ	土　　地	78,000	300,000	259,000	260,000
	建　　物	150,000			
	機械装置	92,000			
Bグループ	土　　地	64,000	215,000	190,000	187,750
	建　　物	93,000			
	機械装置	43,000			

※　当期分の減価償却は、適正に処理済みである。

(4) 建設仮勘定には次のものが含まれている。

材料の仕入に伴う前渡金　17,250千円	X4年２月14日支払。X4年４月10日に納品された。

7　ソフトウェアに関する事項

ソフトウェアの内訳は次のとおりであるが、当期の償却計算は未済である。いずれも社内利用のソフトウェアであり、その利用により将来の費用削減が確実と認められ、償却年数（見込利用可能期間）は５年である。なお、過去の償却は適正になされているものとする。

（単位：千円）

システム	利用開始時期	前期末帳簿価額	費用計上区分	備考
事務管理	X2年８月	1,560	販売費及び一般管理費と製造費用で50％ずつ	―
生産管理	X1年10月	3,150	製造費用	―
販売管理	X2年４月	2,880	販売費及び一般管理費	(注)

（注）　当期末に利用可能期間を見直した結果、翌期以降の残存利用期間が２年であることが明らかとなった。なお、過去に定めた償却年数は利用開始の時点において合理的な見積りに基づくものであった。

8　特許権に関する事項

特許権の内訳は次のとおりである。なお、特許権の償却年数は８年であり、過去の償却は適正になされているものとする。

(1)　製品の製造方法に関してX1年10月14日に取得したもの　3,250千円

(2)　従来から進めていた研究開発が成果を上げたため、当期首に特許権を3,000千円で取得した。当該特許権は、専ら新規の研究開発プロジェクトにのみ使用するために取得したものであり、他の目的には使用できないものである。

9　仮払金に関する事項

仮払金の内訳は次のとおりである。

(1)　材料の加工を依頼している外注先に対し支払った代金（買掛金として計上している。）の決済額9,225千円が仮払金に計上されている。

(2)　諸税金の中間納付額298,500千円が仮払金に計上されている（【資料２】14を参照）。

10　退職給付引当金に関する事項

当社は、従業員の退職給付に備えるため退職一時金制度及び企業年金制度を採用しているが、当期の退職給付に係る処理は未済である。なお、数理計算上の差異は10年間で定額法により発生年度の翌期から費用処理する。

（単位：千円）

区　　分	当期首	当期末	備　　考
退職給付債務	900,000	936,800	実際の計算結果
年金資産	600,000	540,000	公正な評価額
未認識数理計算上の差異	59,400	各自算定	——
退職給付引当金	240,600	各自算定	——

当期における勤務費用は45,000千円、利息費用は27,000千円、期待運用収益相当額は24,000千円であり、当期末における退職給付債務の見込額は936,800千円、年金資産の見込額は613,048千円と計算されている。当期首の未認識数理計算上の差異のうち54,000千円は前期に発生したものであり、5,400千円は前々期に発生したものである。

退職給付費用（数理計算上の差異の費用処理額を含む。）は製造費用に３分の２、販売費及び一般管理費に３分の１を配賦する。

なお、退職一時金の支払額14,200千円及び年金掛金拠出額10,048千円は販売費及び一般管理費に計上されている。また、企業年金からの給付支払額は21,000千円である。

11　その他の引当金に関する事項

⑴　賞与引当金

給与規程に基づき、X4年６月の賞与支給見込額を算定し、支給対象期間のうち当期の負担に属する金額を引当金として計上する。当期の負担に属する金額は164,265千円と算定された。賞与引当金繰入額は製造費用に３分の２、販売費及び一般管理費に３分の１を配賦する。

⑵　債務保証損失引当金

当社は取引先の銀行借入の債務保証を行っているが、翌期において当社が債務を履行する可能性が高まったため、その損失見込額180,032千円を引当金として計上する。

12　借入金に関する事項

⑴　残高試算表の借入金のうち123,000千円（1,000千ＵＳドル、X4年４月30日返済）に対して、X4年３月１日にX4年４月30日を決済予定日とする為替予約契約（予約日の先物予約レートは126円/ＵＳドルである。）を締結したが未処理である。この取引につき、当社は振当処理を適用する。直先差額については月数による期間を基準として各期へ配分し、各期に配分された外貨建金銭債権債務等に係る為替予約差額は、為替差損又は為替差益に含めて処理する。なお、借入時の直物レートは123円/ＵＳドル、為替予約時の直物レートは124円/ＵＳドルである。

⑵　X5年４月10日に一括返済されるもの148,664千円が含まれている。

⑶　残額は決算日の翌日から起算して１年以内に返済されるものである。

13　新株予約権付社債に関する事項

当社は、当期首において以下の条件により転換社債型新株予約権付社債を発行している。なお、当社は転換社債型新株予約権付社債につき、一括法により会計処理を行うものとする。当社は発行時に入金額を仮受金として処理しているのみである。

＜発行条件等＞

社債券の額面総額（額面発行）	200,000千円
社　債　券　の　償　還　日	X7年３月31日

⑴　X3年10月１日に上記の新株予約権のうち30％の権利行使がなされ、新株を50,000株発行したが未処理である。なお、資本金に組入れる金額は会社法に規定する最低額とすること。

⑵　X4年１月10日に上記の新株予約権のうち15％の権利行使がなされ、保有している自己株式25,000株を交付したが未処理である。

14　諸税金に関する事項

⑴　各税目ともに前期末未払計上額と納付額に過不足はなかった。

⑵　当期の確定年税額（中間納付額及び源泉徴収税額控除前）は、法人税及び住民税178,250千円、事業税47,992千円（うち外形基準部分10,792千円）及び消費税等464,000千円である。

法人税及び住民税の中間納付額71,300千円、事業税の中間納付額19,200千円（うち外形基準部分4,320千円）及び消費税等の中間納付額208,000千円が残高試算表の仮払金に、源泉徴収された所得税255千円が法人税等に計上されている。消費税等の決算整理において発生した差額があれば、雑損失又は雑収入で処理するものとする。

15　税効果会計に関する事項

⑴　当期末の一時差異残高は次のとおりである。ただし、「4　有価証券に関する事項」で決算整理したその他有価証券の評価差額、「6　有形固定資産に関する事項」で計上した減損損失に係る税効果会計適用に関する会計処理を除く。

将来減算一時差異　　875,000千円（前期末残高　916,600千円）

⑵　繰延税金資産の回収可能性に問題はないものとする。

⑶　法定実効税率については35％とする。

16　その他参考事項

⑴　短期貸付金には、Ｄ社に対するものが200,752千円含まれている。また、長期貸付金には、Ｃ社に対するものが2,300千円含まれている。

⑵　残高試算表の前払費用のうち8,920千円は、決算日の翌日から起算して１年を超えて費用化されるものである。

●財務諸表論 総合計算問題集（基礎編） 

第　10　回

第 10 回	製造業の貸借対照表・損益計算書・製造原価報告書及びＣＦ計算書の作成
難易度Ｂ	

標準時間：75分
満　　点：50点

問１

〔資料Ⅰ〕から〔資料Ⅳ〕に基づき、次の１及び２の各問について答えなさい。

１　下総中山株式会社（以下「当社」という。）の第30期（自X8年４月１日　至X9年３月31日）における貸借対照表、損益計算書及び個別注記表を「会社法」及び「会社計算規則」に準拠して作成しなさい。

なお、個別注記表については、貸借対照表等に関する注記、損益計算書に関する注記のみ記載すること。

２　製造原価報告書を作成しなさい。

【解答留意事項】

(1)　消費税及び地方消費税（以下「消費税等」という。）の会計処理は、税抜方式によっている。なお、特に指示のない限り消費税等について考慮する必要はないものとする。

(2)　会計処理及び表示方法については、特に指示のない限り原則的な方法によるものとし、金額の重要性は考慮しないものとする。

(3)　特に指示のない限り金額の計算において千円未満の端数が生じた場合には切り捨てるものとする。

(4)　関係会社に対する金銭債権及び金銭債務については、独立した科目で表示すること。

(5)　日数の計算は、すべて月割計算とする。また、１ヶ月未満の端数は切り上げて１ヶ月として計算すること。

(6)　解答金額については、問題文の残高試算表における金額欄の数値と同様に、３桁ごとにカンマで区切り、解答金額がマイナスとなる場合には、金額の前に「△」を付すこと。

〔資料Ⅰ〕下総中山株式会社の残高試算表

残 高 試 算 表

X9年３月31日　　　　　　　　　　　　　　（単位：千円）

勘定科目	金額	勘定科目	金額
現金及び預金	338,780	支払手形	311,850
受取手形	278,400	買掛金	382,050
売掛金	246,600	借入金	379,600
有価証券	395,000	未払金	62,400
自己株式	52,000	未払費用	9,000
製品	470,000	預り金	60,559
仕掛品	96,000	仮受金	408,100
材料	46,000	仮受消費税等	592,230
前渡金	900	退職給付引当金	150,000
短期貸付金	48,000	貸倒引当金	19,000
仮払金	203,700	建物減価償却累計額	1,199,250
仮払消費税等	443,190	機械装置減価償却累計額	404,450
建物	1,612,000	工具器具備品減価償却累計額	9,700
機械装置	717,000	資本金	1,000,000
工具器具備品	20,000	資本準備金	50,000
土地	392,440	利益準備金	30,000
特許権	648	別途積立金	219,087
借地権	270,000	繰越利益剰余金	497,663
ソフトウェア	42,000	評価差額金	700
繰延税金資産	112,000	売上	5,922,322
火災未決算	327,500	受取利息配当金	22,820
材料仕入	1,170,000	有価証券売却損益	4,340
賃金手当	1,000,000	有価証券利息	180
製造経費	341,214	雑収入	15,200
販売費及び一般管理費	3,104,000		
支払利息	10,600		
雑損失	12,529		
合計	11,750,501	合計	11,750,501

〔資料Ⅱ〕製造経費の内訳

（単位：千円）

勘定科目	金額
通信費	2,000
消耗品費	25,000
修繕費	20,000
水道光熱費	1,000
減価償却費	94,640
特許権償却	432
その他製造経費	198,142

〔資料Ⅲ〕販売費及び一般管理費の内訳

（単位：千円）

勘定科目	金額
給料手当	2,220,000
退職給付費用	27,000
減価償却費	80,000
租税公課	33,000
その他販売費及び一般管理費	744,000

〔資料Ⅳ〕決算整理の未済事項及び参考事項

1　現金及び預金に関する事項

手許現金の中には、外国通貨が11千ドル含まれており、残高試算表には取得時の直物為替相場で円換算した金額1,199千円で計上されている。決算日における直物為替相場は107円/ドルであった。

2　受取手形及び売掛金並びに貸倒引当金に関する事項

(1)　受取手形の中には、期首に得意先に対して行った現金貸付の際に受取った約束手形30通（１通の額面1,000千円、X8年４月末より毎月末に順次期日到来）の期末残高が含まれている。

(2)　Ｃ社に対する売掛金が8,000千円ある。

(3)　受取手形のうち15,000千円は武蔵野株式会社に対するものである。同社は業況が悪化し財務内容に問題がある状態が前期より続いており、債務の弁済に重大な問題が生じる可能性が高いと判断されるため、上記債権金額のうち当期増加分の9,000千円について担保（処分見込額8,000千円）の提供を受けた。また、前期より引き続き保有する債権については、前期末において個別に貸倒引当金を設定している。

(4)　売掛金のうち30,000千円は当期から取引を開始した小平株式会社に対するものであるが、同社の取引先が倒産したことに伴い、同社の財務内容は急激に悪化し、現在は実質的に経営破綻の状態にある。同社からは担保（処分見込額25,000千円）を受け入れており、同社に対する債権は１年以内に回収される見込みはない。

(5)　売掛金のうち12,000千円は入間株式会社に対するものであるが、同社は経営破綻に陥っており前期より破産更生債権等に区分されているものである。当期においてその弁済を受けることができないと認められたが、貸倒れの処理が未処理である。また、この債権については担保はなく、前期末の決算時に債権金額と同額の貸倒引当金を設定している。

(6) 債権の期末残高に対して貸倒引当金を設定するが、一般債権、貸倒懸念債権及び破産更生債権等に区分して算定する。一般債権に対しては、過去の貸倒実績率に基づき受取手形及び売掛金の期末残高の１％相当額を引当計上する。貸倒懸念債権に対しては、債権総額から担保の処分見込額を控除した残額の50%を引当計上する。また、破産更生債権等に対しては、債権総額から担保の処分見込額を控除した残額を引当計上する。

(7) 貸借対照表上の貸倒引当金は、流動資産及び固定資産の各区分の末尾にそれぞれ一括して控除科目として表示する。損益計算書上は繰入額と戻入額を相殺した差額で表示するが、破産更生債権等に該当するものについては特別損失に計上する。

(8) 残高試算表に記載されている貸倒引当金の金額は前期末残高であり、一般債権、貸倒懸念債権及び破産更生債権等に係るそれぞれの設定額は、4,000千円、3,000千円及び12,000千円である。

(9) 過年度に償却した債権のうち600千円が当期に回収されたが、仮受金で処理しているため、「金融商品会計に関する実務指針」の原則的表示にしたがって適切な表示に振り替える。

3　有価証券に関する事項

有価証券の内訳は次のとおりである。

（単位：千円）

銘柄	前期末残高		当期末残高		備考
	取得原価	時　価	取得原価	時　価	
A 社 株 式	24,000	25,000	24,000	22,000	下記(4)①参照
B 社 株 式	19,000	9,000	―――	―――	下記(4)②参照
C 社 株 式	251,000	―――	251,000	―――	下記(4)③参照
D 社 株 式	80,000	―――	80,000	―――	下記(4)④参照
公社債投資信託	―――	―――	30,000	30,100	下記(4)⑤参照

(1) 当社が保有している株式は、すべて議決権のある株式である。

その他有価証券の評価は、市場価格のない株式等以外のものは時価法（評価差額は全部純資産直入法（税効果会計を適用する。）により処理し、売却原価は移動平均法により算定）、市場価格のない株式等については移動平均法による原価法によっている。

(2) 保有する株式については、時価あるいは実質価額が取得原価の50%以上下落しているときは、減損処理を行うものとする。なお、減損処理は、税務上も全額が損金として認められるものとする。

(3) 残高試算表の評価差額金はその他有価証券の前期末残高に係るものである。

(4) 上記有価証券の備考の内容は以下のとおりである。

① 上場株式であり、業務提携のために保有しているものである。なお、当社では期中にA社からの配当（繰越利益剰余金を原資とする。）を受け取った際に源泉所得税額1,160千円を控除した手取金額で受取利息配当金として処理している。

② 上場株式であり、長期的な時価の変動により利益を得る目的で取得したものであるが、B社は業績が急激に悪化したため、当期末においてB社株式すべてを売却している。その際、売却による手取金額5,000千円を仮受金として処理しているのみである。なお、売却損益は営業外損益の区分に表示すること。

③ 非上場株式であり、当社はC社の議決権の60%を保有している。

④ 非上場株式1,600株である。D社の発行済株式数は2,000株であるが、期末現在D社は下記のように財政状態が悪化しているため、同社の株式について財政状態を反映した実質価額に評価を切り下げること。

D社の貸借対照表は以下のとおりである。

貸 借 対 照 表

X9年3月31日　　　　（単位：千円）

諸資産	86,250	諸負債	50,000
		資本金	100,000
		利益剰余金	△ 63,750
合計	86,250	合計	86,250

⑤ 公社債投資信託は、元本毀損の恐れがなく、容易に換金可能な預金と同様の性格を有する短期投資として所有する。

(5) 残高試算表の自己株式は、X8年10月1日に株式市場取引の事由により1株当たり5,200円で取得したものである。

その後、取締役会で募集株式の発行等の手続きにより処分することが次のとおり決議され全額の払込を受けたが、期中は払込金額を仮受金に計上しているのみである。

交付株式数：10,000株

1株当たりの払込金額：5,300円

払込期日：X9年4月1日

4　棚卸資産に関する事項

棚卸資産の期末棚卸高の内訳は、次のとおりである。

（単位：千円）

科目	帳簿棚卸高	実地棚卸高	備考
製　品	401,000	398,000	差額は当期３月29日に製品を販売していたにもかかわらず、それに伴う有高帳への記入が未処理だったことによるものである。なお、売上に関する処理は適正に行われている。
仕掛品	104,000	104,000	――――
材　料	44,000	43,300	差額のうち300は減耗損であるが、そのうち経験上製造過程において200の減耗の発生は不可避であると認められ、残りは原価性の無いものである。 また、それ以外の差額は、払出記録の記帳ミスである。

また、残高試算表に記載されている製品、仕掛品及び材料の金額は、前期末残高である。

5　有形固定資産に関する事項

有形固定資産の減価償却計算は、次の建物Ｇに係る計算を除き適正に処理されている。

(1)　建物Ｇに関する事項

建物ＧはＧ工場に属する有形固定資産である。Ｇ工場では、前期に火災により旧建物が全焼しており、新たに建物Ｇを取得し、当期７月19日より事業の用に供している。なお、火災にあった旧建物には火災保険契約が付されていたため、当期中に保険金349,500千円の支払を受けており、自己資金62,500千円と合わせて建物Ｇを取得している。残高試算表の火災未決算はすべて旧建物に関するものである。

当社は、建物Ｇの取得については適正に処理しているが、保険金の受領については仮受金として処理したのみである。保険差益相当額については積立金方式により圧縮記帳を行い、減価償却限度超過額につき取崩を実施する。なお、税効果会計を適用する。

建物Ｇの減価償却計算は、残存価額をゼロとし、耐用年数50年（償却率0.020）の定額法により行う。税務上の償却限度額は5,850千円である。

(2) 当期３月１日に土地取得を目的として建物付土地を購入しているが、購入代金100,000千円（建物：10,000千円、土地：90,000千円）及び当該建物の取壊費用3,000千円を仮払金として処理している。

6　無形固定資産に関する事項

ソフトウェアは販売管理のために前期首に取得し、同日に利用を開始したものの残額24,000千円と、事務管理のために当期10月10日に取得し、同日に利用を開始したもの18,000千円の合計額である。いずれも社内利用のソフトウェアであり、その利用により将来の費用削減が確実と認められるため、定額法により見込利用可能期間５年で償却を行っている。

なお、事務管理のために取得したソフトウェアについては、導入に当たって当社の仕様に合わせるための修正作業の金額2,000千円を製造経費（修繕費）として処理している。このソフトウェアに関する費用の配賦割合は、製造部門、販売部門それぞれ50%ずつとする。

7　繰延資産に関する事項

当期10月１日において、生産計画の変更により設備の大規模な配置替えを行ったが、この際に支出した費用75,000千円を仮払金として処理している。当該費用については、繰延資産として適切な科目で計上し、定額法により５年間で償却を行うものとする。なお、償却費は販売費及び一般管理費に表示すること。

8　買掛金に関する事項

残高試算表の買掛金には外貨建取引によるもの1,210千円（11千ドル）が含まれている。

9　借入金に関する事項

(1) 借入金には、次のものが含まれている。

① 固定資産の購入に伴う資金調達分100,000千円（支払期日：X11年６月30日）
土地のうち80,000千円が当該借入金の担保に供されている。

② 工場の運転資金に係る借入100,800千円（支払期日：X10年10月31日）

③ 外貨建てのもの110,000千円（1,000千ドル、支払期日：X9年９月28日）

(2) 上記以外の借入金は、翌期首より１年以内に返済する予定のものである。

(3) 利息はすべて適正に処理されている。

10　引当金に関する事項

(1)　賞与引当金は、従業員給与規程に基づきX9年６月において支給する見込額27,000千円のうち当期に帰属する額を計上する（支給対象期間：X8年12月１日～X9年５月31日)。

(2)　修繕引当金を翌期の工場建物修繕の見積額に基づき2,700千円計上する。

(3)　当社は確定給付型の退職一時金制度及び企業年金制度を採用しており、従業員の退職給付に備えるため、期末における退職給付債務から期末における年金資産の額を控除した金額をもって計上すべき退職給付引当金としている。また、当社は従業員300人未満であり、高い信頼性をもって数理計算上の見積りを行うことが困難であるため、原則的方法ではなく簡便法によっており、退職一時金制度においては期末自己都合要支給額を退職給付債務とし、企業年金制度においては年金財政計算上の数理債務を退職給付債務としている。

＜退職一時金制度に係る事項＞

①　前期末の自己都合要支給額は130,000千円である。

②　当期における退職金支給額は15,000千円であり、販売費及び一般管理費（退職給付費用）に計上している。

③　当期末の自己都合要支給額は140,000千円である。

＜企業年金制度に係る事項＞

①　数理債務の額は次のとおりである。

前　期　末	当　期　末
195,000千円	195,500千円

②　年金資産の額（公正な評価額）は次のとおりである。

前期末残高	当期末残高
175,000千円	164,500千円

③　当期の退職年金への掛金拠出は12,000千円であり、販売費及び一般管理費（退職給付費用）に計上している。

(4)　残高試算表の退職給付引当金残高は前期末残高である。

(5)　賞与引当金繰入と退職給付費用の配賦割合については、製造部門へ60%、販売部門へ40%とすること。

11　諸税金に関する事項

⑴　各税目ともに前期末未払計上額と納付額に過不足はなかった。

⑵　当期の確定年税額（中間納付額及び源泉徴収税額控除前）は、法人税及び住民税が55,000千円、事業税が14,800千円（うち外形基準によるものは3,320千円）である。

期中において法人税及び住民税の中間納付額25,700千円は仮払金として処理し、事業税の中間納付額7,100千円（うち所得基準によるものは5,360千円）は販売費及び一般管理費（租税公課）として処理されている。また、消費税等の中間納付額112,000千円は仮払消費税等として処理されているが期末振替が未処理である。

12　税効果会計に関する事項

⑴　残高試算表の繰延税金資産は、前期末残高である。

⑵　「3　有価証券に関する事項」で決算整理したその他有価証券の評価差額及び「5　有形固定資産に関する事項」の圧縮記帳における税効果会計適用に関する会計処理を除き、当期末の一時差異及び永久差異残高は次のとおりである。

①　将来減算一時差異　　460,000千円

②　永久差異　　　　　　　1,000千円

⑶　法定実効税率は、前期末及び当期末のいずれも30％として計算する。

⑷　繰延税金資産の回収可能性に問題はないものとする。

13　その他参考事項

⑴　預り金の中には、小平株式会社から営業保証金として受け入れている長期のもの25,000千円が含まれている。

⑵　販売費及び一般管理費（給料手当）の中には、工員に係るものが900,000千円含まれている。なお、3月支払分の賃金手当は源泉所得税等10,100千円を控除した支払額で計上されており、かつ、3月末における未払分が8,400千円ある。また、源泉所得税等は未だ納付していない。

⑶　雑収入には、為替差益1,400千円が含まれている。

⑷　残高試算表の売上のうちC社に対するものは、122,600千円である。

問２　〔資料Ⅴ〕から〔資料Ⅷ〕に基づき、甲株式会社の第40期（自X12年４月１日　至X13年３月31日）のキャッシュ・フロー計算書を「財務諸表等の用語、用式及び作成方法に関する規則」（財務諸表等規則）に準拠して間接法により完成させなさい。

〔資料Ⅴ〕貸借対照表及び損益計算書

貸　借　対　照　表

X13年３月31日

（単位：千円）

科　　目	第39期	第40期	科　　目	第39期	第40期
現金預金	41,500	70,624	買掛金	29,800	34,300
売掛金	37,000	24,900	短期借入金	18,000	15,000
有価証券	44,800	44,800	未払費用	100	75
商品	15,350	25,000	未払法人税等	15,000	22,000
未収収益	150	140	賞与引当金	15,000	15,360
建物	40,000	40,000	貸倒引当金	370	249
備品	12,500	12,500	建物減価償却累計額	20,400	22,400
土地	67,620	102,620	備品減価償却累計額	6,750	7,700
長期貸付金	57,500	57,500	資本金	100,000	100,000
			資本準備金	10,000	10,000
			利益準備金	13,500	14,750
			別途積立金	45,000	47,750
			繰越利益剰余金	42,500	88,500
合　　計	316,420	378,084	合　　計	316,420	378,084

（注）資産の評価勘定に関する科目はすべて貸方に計上している。

損益計算書

自X12年4月1日　至X13年3月31日　　　(単位：千円)

科目	金額	科目	金額
売上原価	579,700	売上高	935,000
給与	121,545	受取利息	2,550
従業員賞与	45,000	受取配当金	5,600
賞与引当金繰入額	15,360	土地売却益	20,000
貸倒引当金繰入額	199		
商品棚卸減耗損	1,700		
減価償却費	2,950		
その他営業費	98,296		
支払利息	900		
法人税、住民税及び事業税	35,000		
当期純利益	62,500		
合計	963,150	合計	963,150

〔資料Ⅵ〕キャッシュ・フロー計算書の作成に関する注意事項

1．「現金預金」は、手許現金と預入期間が3ヶ月以内の定期預金の合計額である。

2．受取利息、受取配当金及び支払利息に関しては「営業活動によるキャッシュ・フロー」の区分に記載すること。

3．キャッシュ・フローの減少額は金額にマイナスの符号「△」を付すこと。

〔資料Ⅶ〕期中取引に関する事項

1．貸付金

貸借対照表の未収収益は受取利息の未収額であり、利息についてはすべて適正に処理されている。

2．借入金

(1) 2月1日に、6ヶ月の契約で15,000千円の借入れを行った。

(2) 期首における短期借入金18,000千円は期中にすべて現金にて返済した。

なお、貸借対照表の未払費用は支払利息の未払額であり、利息についてはすべて適正に処理されている。

3．有形固定資産

(1) 6月10日に、帳簿価額35,000千円の土地を売却し、代金は全額現金にて受領した。

(2) 7月1日に、土地70,000千円を現金にて購入した。

4．剰余金の配当

期中において株主総会の決議により剰余金の配当を行っており、配当金12,500千円を支払っている。

〔資料Ⅷ〕決算整理事項等

1．商品

商品の期末帳簿棚卸高は26,700千円、期末実地棚卸高は25,000千円であった。棚卸資産の増減額の調整は、商品（実地）の期首と期末の差額で行うものとする。

2．引当金

(1) 当社は売上債権に対して貸倒引当金を設定している。なお、貸倒引当金の繰入額と戻入額は相殺して表示しており、損益計算書の貸倒引当金繰入額は、当期設定額と前期設定額の残額との差額である。

(2) 当社は賞与引当金を設定している。なお、前期引当分に関する見積もりの過不足は生じていない。

解答・解説編

第1回 解答・解説

解答

(1) 株式会社新小岩商会（第18期）の貸借対照表、損益計算書

貸 借 対 照 表

株式会社新小岩商会　　X5年3月31日現在　　（単位：千円）

資産の部		負債の部	
科目	金額	科目	金額
Ⅰ 流動資産	1,502,175	Ⅰ 流動負債	649,758
現金預金	109,174①	支払手形	115,941①
受取手形	147,870①	買掛金	286,660①
売掛金	330,130①	短期借入金	141,180
有価証券	48,750①	未払金	4,320①
商品	870,000①	未払費用	8,000①
未収収益	75①	未払法人税等	26,710①
貸倒引当金	△3,824①	未払消費税等	22,680
Ⅱ 固定資産	516,522	預り金	12,219
1 有形固定資産	380,141	賞与引当金	32,000①
建物	142,486①	保証債務	48①
車両運搬具	14,852①	Ⅱ 固定負債	146,399
器具備品	8,078①	長期借入金	74,319
土地	214,725	退職給付引当金	72,080①
2 投資その他の資産	136,381	負債合計	796,157
投資有価証券	7,360①	純資産の部	
関係会社株式	16,075①	Ⅰ 株主資本	1,222,540
長期貸付金	40,200①	1 資本金	781,440①
長期性預金	72,746①	2 資本剰余金	197,400
		(1) 資本準備金	197,400
		3 利益剰余金	243,700
		(1) 利益準備金	19,975
		(2) その他利益剰余金	223,725
		別途積立金	65,615
		繰越利益剰余金	158,110
		純資産合計	1,222,540
資産合計	2,018,697	負債・純資産合計	2,018,697

損益計算書 株式会社 新小岩商会　自X4年4月1日 至X5年3月31日　(単位：千円)		
科目	金	額
Ⅰ 売上高		4,245,815①
Ⅱ 売上原価		3,721,740
売上総利益		524,075
Ⅲ 販売費及び一般管理費		278,990
営業利益		245,085
Ⅳ 営業外収益		
受取利息配当金	952①	
有価証券利息	320①	
償却債権取立益	100①	
仕入割引	1,250①	
雑収入	84	2,706
Ⅴ 営業外費用		
支払利息	7,200①	
手形売却損	148①	
有価証券評価損	2,100①	
株式交付費	300①	
雑損失	205	9,953
経常利益		237,838
Ⅵ 特別損失		
役員退職慰労金	5,000①	
土地売却損	51,460	56,460
税引前当期純利益		181,378
法人税、住民税及び事業税		61,580①
法人税、住民税及び事業税追徴税額		2,630①
当期純利益		117,168

(2) 売上原価の計算過程

(単位：千円)

期首商品棚卸高	876,690
当期商品仕入高	3,715,050①
合計	4,591,740
期末商品棚卸高	880,000①
差引	3,711,740
商品棚卸減耗損	2,000①
商品評価損	8,000①
売上原価	3,721,740

(3) 販売費及び一般管理費の内訳

(単位：千円)

給料手当	156,380①
役員報酬	3,400①
租税公課	40,685
減価償却費	9,742①
貸倒損失	500①
貸倒引当金繰入	424①
賞与引当金繰入	32,000
退職給付費用	25,600①
その他販売費及び一般管理費	10,259
販売費及び一般管理費合計	278,990

(4) 個別注記表

<貸借対照表等に関する注記>
1．長期性預金のうち20,000千円は長期借入金70,000千円の担保に供されている。②
2．有形固定資産の減価償却累計額は30,144千円である。②
3．受取手形の割引高　6,000千円①

解説

以下、特に指示がない限り単位は千円とする。

〔資料2〕

1　現金預金

(1)　当座預金

・未取付小切手

仕訳不要

・未渡小切手

（現 金 預 金）　5,400　（買　掛　金）　5,400

(2)　定期預金（X5年9月30日満期）

（未 収 利 息）　75　（受取利息配当金）　75※

※　15,000×1％×$\frac{6ヶ月}{12ヶ月}$＝75

(3)　定期預金（X8年3月31日満期）

投資その他の資産に長期性預金として表示する。

なお、この定期預金のうち20,000は長期借入金70,000の担保に供されているため、貸借対照表等に関する注記として記載する。

2　受取手形及び売掛金

(1)　自社振り出しの約束手形を受け取った場合は、支払手形を減少させる。

（支 払 手 形）　430　（受 取 手 形）　430

(2)　当期中に回収された前期において貸倒処理を行った売掛金100は、営業外収益に償却債権取立益として表示する。

（仮　受　金）　100　（償却債権取立益）　100

(3)　掛販売の未処理

（売　掛　金）　2,400　（売　　上）　2,400

(4)　手形の割引

（仮　受　金）　5,900　（受 取 手 形）　6,000

（手形売却損）　148（差額）　（保 証 債 務）　48

なお、受取手形の割引高（額面金額）は貸借対照表等に関する注記として記載する。

3　貸倒引当金

(1)　貸借対照表

・流動資産

（147,870（受手）＋330,130（売掛金））×0.8％＝3,824

(2)　損益計算書

・販売費及び一般管理費

3,824－3,400＝424

4　有価証券

(1)　A社株式（売買目的有価証券に該当）

（有価証券評価損益）　2,100※　（有 価 証 券）　2,100

※　50,850（帳簿価額）－48,750（期末市場価格）＝2,100

(2)　B社株式（子会社株式に該当）

（関係会社株式）　7,075　（有 価 証 券）　7,075

(3)　C社社債（満期保有目的の債券に該当）

（投資有価証券）　7,200　（有 価 証 券）　7,200

償却原価法

（投資有価証券）　160　（有価証券利息）　160※

※　（8,000（額面）－7,200（帳簿価額））×$\frac{12ヶ月}{5年×12ヶ月}$＝160

(4)　D社株式（関連会社株式に該当）

（関係会社株式）　9,000　（有 価 証 券）　9,000

5　商品

(1)　甲商品

・期末商品棚卸高（P/L）

170,000個×5,000円＝850,000

・商品棚卸減耗損（P/L）

（170,000個（帳簿）－169,600個（実地））×5,000円＝2,000

・商品（B/S）

850,000－2,000＝848,000

(2)　乙商品

・期末商品棚卸高（P/L）

（10,500個（帳簿）－500個（記帳漏れ））×3,000円＝30,000

・商品評価損（P/L）

10,000個×（3,000円－2,200円※）＝8,000

※　1個当たりの正味売却価額

3,100円（売価）－900円（見積販売直接経費）＝2,200円

・商品（B/S）

30,000－8,000＝22,000

(3)　仕入割引

仕入割引は営業外収益に表示する。

（仕　　入）　1,250　（仕入割引）　1,250

6　仮払金

(1)　得意先に対する長期の貸付金額

（貸付金）　40,200　（仮払金）　40,200

投資その他の資産に長期貸付金として表示する。

(2)　中間納付額等

（仮払法人税等）　34,870※　（仮払金）　34,870

※　27,670＋4,760＋2,440＝34,870

(3)　建物の購入価額

（建　　物）　30,000　（仮払金）　30,000

(4)　更正による法人税、住民税及び事業税の追徴税額

（法人税等追徴税額）　2,630　（仮払金）　2,630

7　増資

（仮受金）　1,700　（資本金）　1,000※

（株式交付費）　300　（資本準備金）　1,000※

※　$(1{,}700+300)\times\frac{1}{2}=1{,}000$

新株式の発行費用は、問題の指示により支出時に費用として処理し、営業外費用に株式交付費として表示する。

8　有形固定資産

(1)　建物

①　既取得分

（減価償却費）　4,716※　（減価償却累計額）　4,716

※　131,000×0.9×0.040＝4,716

②　当期10月取得分

（減価償却費）　540※　（減価償却累計額）　540

※　$30{,}000\times0.9\times0.040\times\frac{6ヶ月}{12ヶ月}=540$

(2)　車両運搬具

（減価償却費）　3,150※　（減価償却累計額）　3,150

※　(23,140－5,138)×0.175＝3,150

（千円未満切捨）

(3)　器具備品

（減価償却費）　1,336※　（減価償却累計額）　1,336

※　(11,420－2,006)×0.142＝1,336

（千円未満切捨）

なお、有形固定資産の減価償却累計額は貸借対照表等に関する注記として記載する。

(4)　未払金

土地を購入したことによる翌期中に支払予定の未払額は、流動負債に未払金として表示する。

（買掛金）　300　（未払金）　300

9　従業員賞与

（賞与引当金繰入）　32,000※　（賞与引当金）　32,000

※　$38{,}400\times\frac{5ヶ月}{6ヶ月}=32{,}000$

10　退職給付引当金

（退職給付引当金）　3,000　（給料手当）　3,000

（退職給付費用）　25,600※　（退職給付引当金）　25,600

※　72,080（当期末退職給付引当金）－（49,480（前期末退職給付引当金）－3,000（期中退職者支給額））＝25,600

11　諸税金

（法人税等）　61,580※　（仮払法人税等）　34,870

（未払法人税等）　26,710（差額）

※　53,850（法住年税）＋7,730（事年税）＝61,580

12　その他

(1)　経過勘定項目

（給料手当）　5,000　（未払給料手当）　5,000

（支払利息）　3,000　（未払利息）　3,000

(2)　貸倒損失

当期に発生した売掛金が当期に貸倒れたことによる損失は、販売費及び一般管理費に貸倒損失として表示する。

（貸倒損失）　500　（雑損失）　500

(3)　給料手当

・役員報酬

役員に対する報酬は、従業員に対する給料とは区別して表示する。

(役 員 報 酬)　3,400　(給 料 手 当)　3,400

・役員の退職慰労金

役員の退職慰労金は臨時的なものであるため特別損失に役員退職慰労金として表示する。

(役員退職慰労金)　5,000　(給 料 手 当)　5,000

仮計算

B/S（X4. 4. 1～X5. 3. 31→X6. 3. 31）　　（千円）

現　預	176,520＋5,400[1]△72,746[1長預]
受　手[0.8%]	154,300△430[2]△6,000[2]
売　掛[0.8%]	327,730＋2,400[2]
有　証	48,750[4A株]
商　品	848,000[5甲]＋22,000[5乙]
~~仮払金~~	~~107,700△40,200[6]△34,870[6]△30,000[6]△2,630[6]~~
未　益	75[1]
貸引	3,824[3]
建　物	131,000＋30,000[6]
減累	13,258[8]＋4,716[8]＋540[8]
車　運	23,140
減累	5,138[8]＋3,150[8]
器　備	11,420
減累	2,006[8]＋1,336[8]
土　地	214,725
長　預	72,746[1]
関　株	7,075[4B株]＋9,000[4D株]
投　有	7,360[4C債]
長　貸	40,200[6]

支　手	116,371△430[2]
買　掛	281,560＋5,400[1]△300[8]
短　借	141,180
未払金	4,020＋300[8]
~~仮受金~~	~~7,700△100[2]△5,900[2]△1,700[7]~~
未　消	22,680
預り金	12,219
保　債	48[2]
賞　引	32,000[9]
未　法	61,580[11]△34,870[6]
未　費	5,000[12]＋3,000[12]
長　借	74,319
退　引	~~49,480△3,000[10]~~　72,080[10要支給]
資　本	780,440＋1,000[7]
資　準	196,400＋1,000[7]
利　準	19,975
別　積	65,615
貸　引	3,400

P/L（X4. 4. 1～X5. 3. 31）（千円）

期首	876,690	売上	4,243,415＋2,400[2]
当期	3,713,800＋1,250[5]		
期末	850,000[5甲]＋30,000[5乙]	受利配	877＋75[1]
商棚減	2,000[5甲]	有利	160＋160[4C債]
商評損	8,000[5乙]	償債益	100[2]
		仕割	1,250[5]
給料	162,780△3,000[10]＋5,000[12]△3,400[12]△5,000[12]		
租公	40,685	雑収	84
貸繰	424[3]		
減費	4,716[8]＋540[8]＋3,150[8]＋1,336[8]	法住事	61,580[11]
賞繰	32,000[9]	法追徴	2,630[6]
退費	25,600[10]		
貸損	500[12]		
役報	3,400[12]		
その他	10,259		
支利	4,200＋3,000[12]		
手売損	148[2]		
有評損	2,100[4A株]		
株交	300[7]		
雑損	705△500[12]		
土売損	51,460		
役退慰	5,000[12]		

第2回 解答・解説

解 答

(1) 千葉商事株式会社（第25期）の貸借対照表、損益計算書

貸 借 対 照 表

千葉商事株式会社　X8年3月31日現在　（単位：千円）

資産の部		負債の部	
科目	金額	科目	金額
Ⅰ〔流動資産〕	1,056,356	Ⅰ〔流動負債〕	621,516
現金預金	146,200①	支払手形	151,610
受取手形	225,800	買掛金	290,860①
電子記録債権	5,000①	短期借入金	87,400①
売掛金	271,400	未払費用	14,400①
有価証券	18,000	未払法人税等	20,316①
商品	374,160①	未払消費税等	10,290
貯蔵品	10,660①	預り金	6,640
短期貸付金	7,200①	営業外支払手形	40,000①
未収金	2,928	Ⅱ〔固定負債〕	675,420
未収収益	30	社債	29,190①
貸倒引当金	△5,022①	長期借入金	646,230
Ⅱ〔固定資産〕	2,048,342	負債合計	1,296,936
1〔有形固定資産〕	1,762,842	純資産の部	
建物	1,360,136①	Ⅰ〔株主資本〕	1,807,762
車両運搬具	69,780①	1〔資本金〕	1,127,000
器具備品	10,727①	2〔資本剰余金〕	61,000
土地	292,199	(1) 資本準備金	61,000
建設仮勘定	30,000①	3〔利益剰余金〕	619,762
2〔無形固定資産〕	3,900	(1) 利益準備金	24,126
商標権	3,900①	(2) その他利益剰余金	595,636
3〔投資その他の資産〕	281,600	別途積立金	472,758
投資有価証券	36,000①	繰越利益剰余金	122,878
関係会社株式	66,000①		
破産更生債権等	56,400①		
長期性預金	179,600①		
貸倒引当金	△56,400①	純資産合計	1,807,762
資産合計	3,104,698	負債・純資産合計	3,104,698

※1　流動資産、固定資産、有形固定資産、無形固定資産、投資その他の資産で①

※2　流動負債、固定負債、株主資本、資本金、資本剰余金、利益剰余金で①

損益計算書 自X7年4月1日 千葉商事株式会社　至X8年3月31日　（単位：千円）		
科目	金	額
Ⅰ〔売上高〕		2,523,525
Ⅱ 売上原価		1,260,895①
〔売上総利益〕		1,262,630
Ⅲ 販売費及び一般管理費		929,330
〔営業利益〕		333,300
Ⅳ〔営業外収益〕		
受取利息配当金	10,000①	
有価証券利息	1,760①	
貸倒引当金戻入	1,878①	
雑収入	3,118	16,756
Ⅴ〔営業外費用〕		
支払利息	75,200	
社債利息	390①	
社債発行費	250①	
有価証券評価損	3,000①	
商品棚卸減耗損	500①	
雑損失	20,200	99,540
〔経常利益〕		250,516
Ⅵ〔特別損失〕		
器具備品除却損	13,200①	
貸倒引当金繰入	56,400	69,600
〔税引前当期純利益〕		180,916
〔法人税、住民税及び事業税〕		68,856①
〔当期純利益〕		112,060

※1　売上高、営業外収益、営業外費用、特別損失で①

※2　売上総利益、営業利益、経常利益、税引前当期純利益、当期純利益で①

(2)　売上原価の計算過程

（単位：千円）

期首商品棚卸高	208,640
当期商品仕入高	1,427,780
合計	1,636,420
期末商品棚卸高	385,375①
差引	1,251,045
商品評価損	9,850①
売上原価	1,260,895

(3)　販売費及び一般管理費の明細

（単位：千円）

給料手当	628,380①
租税公課	113,900①
消耗品費	25,900①
商品棚卸減耗損	865①
減価償却費	68,098①
商標権償却	1,200
その他販売費及び一般管理費	90,987
販売費及び一般管理費合計	929,330

(4) 個別注記表

＜貸借対照表等に関する注記＞	
1．関係会社に対する受取手形	50,800千円①
売掛金	39,200千円①
短期貸付金	4,000千円①
支払手形	12,000千円①
買掛金	6,400千円①
2．有形固定資産の減価償却累計額	411,957千円①
3．土地のうち78,000千円が短期借入金85,860千円の担保に供されている。①	

解 説

以下、指示のない限り単位は千円とする。

<資料Ⅱ>　決算整理事項

1．現金預金

(1)　C銀行に対する当座借越の処理

・未取付小切手

仕訳不要

・未渡小切手

(現 金 預 金)　760　(買 掛 金)　760

・未渡小切手処理後

現金預金

当座預金　760	当座借越
修正後残高　△1,540	2,300

⇩

借越額1,540は現金預金に加算するとともに短期借入金に表示する。

(2)　積立預金

1年基準により15,600を投資その他の資産に長期性預金として表示する。

・当期末までの積立期間

15,600÷1,200＝13ヶ月積立済

・満期日までの期間

36ヶ月（積立期間）－13ヶ月（積立済）＝23ヶ月（1年超）

(3)　定期預金

1年基準により164,000を投資その他の資産に長期性預金として表示する。

2．売上債権・仕入債務

(1)　市川工業株式会社及び柏商事株式会社

<資料Ⅱ>5．より2社は関係会社に該当する。従って、問題の指示により両社に対する売上債権・仕入債務は貸借対照表等に関する注記として記載する。

(2)　関内産業株式会社（金融手形）

資金貸付により生じた受取手形であるため、1年基準により流動資産に短期貸付金として表示する。

(3)　木更津産業株式会社

投資その他の資産に破産更生債権等として表示する。

(破産更生債権等)　56,400　(売 掛 金)　56,400

(4)　その他の取引先

(電子記録債権)　5,000　(受 取 手 形)　5,000

3．貸付金

(1)　柏商事株式会社

1年基準により流動資産に短期貸付金として表示する。なお、<資料Ⅱ>5．より柏商事株式会社は関係会社に該当するため、同社に対する貸付金は貸借対照表等に関する注記として記載する。

(2)　鴨川物産株式会社

1年基準により流動資産に短期貸付金として表示する。なお、利息未収分については、流動資産に未収収益として表示する。

(未 収 利 息)　30　(受取利息配当金)　30

4．貸倒引当金

(1)　貸借対照表

①　一般債権

流動資産

(225,800（受手）＋271,400（売掛）＋5,000（電債権）)×1％＝5,022

②　破産更生債権等

投資その他の資産

56,400

(2)　損益計算書

①　営業外収益

6,900（T/B貸引）－5,022＝1,878

当期中における状況の変化により前期以前における貸倒見積額が過大であった場合には、当期の財務諸表上、当該過大額を営業外収益に貸倒引当金戻入（答案用紙記載済）として表示する。

② 特別損失

56,400

破産更生債権等に係る貸倒引当金繰入については、問題の指示により特別損失に表示する。

5．有価証券

(1) 銚子物産株式会社株式（売買目的有価証券に該当）

（有価証券評価損益） 3,000※ （有価証券） 3,000

※ 21,000－18,000＝3,000

(2) 市川工業株式会社株式（子会社株式に該当）

当社は市川工業株式会社の議決権の50％超を所有しているため、市川工業株式会社は当社の子会社に該当する。

（関係会社株式） 40,000 （有価証券） 40,000

(3) 柏商事株式会社株式（関連会社株式に該当）

当社の子会社である市川工業株式会社が所有する他の会社の議決権は、親会社である当社が所有しているものと合算して判定するため、当社は柏商事株式会社の議決権を23％（＝15％＋8％）所有していることとなる。この結果、当社は柏商事株式会社の議決権の20％以上を所有しているため、柏商事株式会社は当社の関連会社に該当する。

（関係会社株式） 26,000 （有価証券） 26,000

(4) 関内産業株式会社社債（満期保有目的の債券に該当）

前期期首に取得しているため、残りの償却期間は3年（＝4年－1年）となることに留意する。

（投資有価証券） 36,000 （有価証券） 35,000

（有価証券利息） 1,000※

※ $(38,000-35,000)\times\frac{1年}{3年}=1,000$

6．棚卸資産

(1) 商品

① A商品

・期末商品棚卸高（P/L）

197,900個（帳簿数量）×1,250円（帳簿原価）＝247,375

・商品棚卸減耗損（P/L）

（197,900個（帳簿数量）－197,000個（実地数量））×1,250円（帳簿原価）＝1,125

問題の指示により、数量の減少のうち500個は通常生ずる程度のものであるため、500個分の減耗損は販売費及び一般管理費に表示し、残額は営業外費用に表示する。

販売費及び一般管理費

1,250円×500個＝625

営業外費用

1,125－625＝500

・商品評価損（P/L）

（1,250円（帳簿原価）－1,200円（正味売却価額））×197,000個（実地数量）＝9,850

・商品（B/S）

247,375－1,125－9,850＝236,400

② B商品

・期末商品棚卸高（P/L）

115,000個（帳簿数量）×1,200円（帳簿原価）＝138,000

・商品棚卸減耗損（P/L）

（115,000個（帳簿数量）－114,800個（実地数量））×1,200円（帳簿原価）＝240

B商品の減耗は500個以下であるため、通常生ずる程度のものであると判断し、すべて販売費及び一般管理費に表示する。

なお、B商品は原価よりも正味売却価額の方が高いため評価損は生じない。

・商品（B/S）

138,000－240＝137,760

(2) 消耗品（貯蔵品）

（消耗品費） 9,000 （貯　蔵　品） 9,000

（貯　蔵　品） 10,100 （消耗品費） 10,100

7．有形固定資産

有形固定資産の減価償却累計額は、問題の指示により貸借対照表等に関する注記として記載する。

(1) 建物

① 従来分

（減価償却費） 31,950※ （減価償却累計額） 31,950

※ $1,420,000 \times 0.9 \times \frac{1年}{40年} = 31,950$

② 当期完成分

（建　　物） 120,000 （建設仮勘定） 120,000

（減価償却費） 1,350※ （減価償却累計額） 1,350

※ $120,000 \times 0.9 \times \frac{1年}{40年} \times \frac{6ヶ月}{12ヶ月} = 1,350$

また、支払手形のうち40,000を営業外支払手形に振り替え、1年基準により流動負債に営業外支払手形として表示する。

(2) 車両運搬具

（減価償却費） 23,260※ （減価償却累計額） 23,260

※ $(212,000 - 118,960) \times 0.250 = 23,260$

(3) 器具備品

① 除却分

（減価償却累計額） 100,975 （器具備品） 120,000

（減価償却費） 5,265※

（貯　蔵　品） 560

（器具備品除却損） 13,200（差額）

※ $(120,000 - 100,975) \times 0.369 \times \frac{9ヶ月}{12ヶ月}$

$= 5,265$（千円未満切捨）

② 従来分

（減価償却費） 6,273※ （減価償却累計額） 6,273

※ $\{(220,600 - 120,000) - (184,575 - 100,975)\}$

$\times 0.369 = 6,273$

8．無形固定資産

（商標権償却） 1,200※ （商　標　権） 1,200

※ $5,100 \times \frac{12ヶ月}{10年 \times 12ヶ月 - 69ヶ月} = 1,200$

9．借入金

(1) 甲銀行

1年基準により固定負債に長期借入金として表示する。

(2) 乙銀行

1年基準により流動負債に短期借入金として表示する。なお、借入時に当社の土地を担保に供している旨は貸借対照表等に関する注記として記載する。

10．社債

(1) 償却原価法

（社債利息） 90※ （社　　債） 90

※ $(@100 \times 300口 - 29,100) \times \frac{6ヶ月}{5年 \times 12ヶ月}$

$= 90$

(2) 社債発行費

社債発行に係る費用は、問題の指示により支出時に費用として処理し、営業外費用に社債発行費として表示する。

（社債発行費） 250 （仮　払　金） 250

11．法人税等

(1) 中間納付額

（仮払法人税等） 52,440※ （仮　払　金） 52,440

※ $39,300 + 10,700 + 2,440 = 52,440$

(2) 確定年税額

（租税公課） 3,900 （仮払法人税等） 52,440

（法人税等） 68,856※ （未払法人税等） 20,316（差額）

※ 72,756（法住事年税） − 3,900（外形年税） = 68,856

12．その他の事項（給料手当）

（給料手当） 14,400 （未払給料手当） 14,400

仮計算

B/S（X7. 4. 1～X8. 3.31→X9. 3.31）　（千円）

現　預　323,500＋[1]760＋[1借越]1,540△[1長預]15,600△[1長預]164,000

受　手[1%]　232,000△[2]1,200△[2]5,000

売　掛[1%]　327,800△[2]56,400

有　証　[5銚子株]18,000

商　品　[6A]236,400＋[6B]137,760

貯　蔵　~~[6]9,000~~　[6]10,100＋[7]560

短　貸　6,000＋[2]1,200

未収金　2,928

~~仮払金　52,690△[10]250△[11]52,440~~

電債権[1%]　[2]5,000

未　益　[3]30

貸引　[4]5,022

建　物　1,420,000＋[7]120,000

減累　[7]146,564＋[7]31,950＋[7]1,350

車　運　212,000

減累　[7]118,960＋[7]23,260

器　備　220,600△[7]120,000

減累　[7]184,575△[7]100,975＋[7]6,273

土　地　292,199

建　仮　150,000△[7]120,000

商　標　5,100△[8]1,200

長　預　[1]15,600＋[1]164,000

破　産　[2]56,400

関　株　[5市川株]40,000＋[5柏株]26,000

投　有　[5関内債]36,000

貸引　[4]56,400

支　手　191,610△[7]40,000

買　掛　290,100＋[1]760

短　借　732,090＋[1借越]1,540△[9]646,230

未　消　10,290

預り金　6,640

営外支　[7]40,000

未　法　[11]72,756△[11]52,440

未　費　[12]14,400

社　債　29,100＋[10]90

長　借　[9]646,230

資　本　1,127,000

資　準　61,000

利　準　24,126

別　積　472,758

貸　引　6,900

P/L（X7．4．1～X8．3．31）　　（千円）

借方	貸方
期　首　208,640	売　上　2,523,525
当　期　1,427,780	
期　末　247,375[6A]＋138,000[6B]	
商評損　9,850[6A]	
給　料　613,980＋14,400[12]	受利配　9,970＋30[3]
租　公　110,000＋3,900[11]	有　利　760＋1,000[5関内債]
消　費　27,000＋9,000[6]△10,100[6]	貸　戻　1,878[4]
商棚減　625[6A]＋240[6B]	
減　費　31,950[7]＋1,350[7]＋23,260[7]＋5,265[7]＋6,273[7]	
商　償　1,200[8]	
その他　90,987	雑　収　3,118
支　利　75,200	法住事　68,856[11]
社　利　300＋90[10]	
有評損　3,000[5銚子株]	
商棚減　500[6A]	
社　発　250[10]	
雑　損　20,200	
貸　繰　56,400[4]	
器除損　13,200[7]	

第3回 解答・解説

解答

貸借対照表

浜松株式会社　　X4年5月31日現在　　(単位：千円)

資産の部		負債の部	
科目	金額	科目	金額
Ⅰ 流動資産	1,459,037	Ⅰ 流動負債	893,145
現金及び預金	218,505 ①	支払手形	401,405
受取手形	469,350 ①	買掛金	331,530
売掛金	336,000 ①	短期借入金	5,000 ①
関係会社売掛金	50,000 ①	未払金	1,000 ①
有価証券	60,255 ①	未払費用	35,710 ①
商品	191,800 ①	未払法人税等	78,000 ①
短期貸付金	153,300 ①	未払消費税等	21,000
貸倒引当金	△20,173 ①	預り金	14,500
Ⅱ 固定資産	1,008,280	修繕引当金	5,000 ①
1 有形固定資産	571,585	Ⅱ 固定負債	733,593
建物	700,552 ①	長期借入金	300,000 ①
車両運搬具	120,000 ①	資産除去債務	563 ①
器具備品	200,000	退職給付引当金	433,030 ①
土地	61,515	負債合計	1,626,738
減価償却累計額	△510,482 ①	純資産の部	
2 無形固定資産	42,500	Ⅰ 株主資本	840,579
商標権	42,500 ①	1 資本金	380,000
3 投資その他の資産	394,195	2 資本剰余金	75,000
関係会社株式	65,000 ①	(1) 資本準備金	75,000
長期貸付金	100,000 ①	3 利益剰余金	387,579
繰延税金資産	181,195 ①	(1) 利益準備金	12,500
長期性預金	50,000 ①	(2) その他利益剰余金	375,079
貸倒引当金	△2,000 ①	別途積立金	79,850 ①
		繰越利益剰余金	295,229
		4 自己株式	△2,000 ①
		純資産合計	840,579
資産合計	2,467,317	負債・純資産合計	2,467,317

損益計算書

自X3年6月1日至X4年5月31日　　(単位：千円)

科目	金額	
Ⅰ 売上高		2,770,000 ①
Ⅱ 売上原価		
期首商品棚卸高	180,000	
当期商品仕入高	1,370,000 ①	
合計	1,550,000	
期末商品棚卸高	195,000 ①	
差引	1,355,000	
商品棚卸減耗損	2,000 ①	
商品評価損	1,200 ①	1,358,200
売上総利益		1,411,800
Ⅲ 販売費及び一般管理費		
給料手当	635,710 ①	
退職給付費用	11,280	
広告宣伝費	193,000	
租税公課	53,000 ①	
貸倒引当金繰入	5,930 ①	
修繕引当金繰入	5,000 ①	
利息費用	11 ①	
減価償却費	83,562 ①	
商標権償却	6,000 ①	
諸販売費及び一般管理費	19,341	1,012,834
営業利益		398,966
Ⅳ 営業外収益		
受取利息配当金	25,997	
有価証券売却益	16,770 ①	
仕入割引	700 ①	
雑収入	530	43,997
Ⅴ 営業外費用		
支払利息	5,250	
有価証券評価損	2,775 ①	
雑損失	850	8,875
経常利益		434,088
Ⅵ 特別利益		
車両運搬具売却益	450 ①	450
Ⅶ 特別損失		
関係会社株式評価損	9,000 ①	9,000
税引前当期純利益		425,538
法人税、住民税及び事業税	157,000 ①	
法人税等調整額	△8,050 ①	148,950
当期純利益		276,588

株主資本等変動計算書　　　　　　　　　　　　　　　　　　　　　　　　　　　　　　　　　　（単位：千円）

	株主資本								
	資本金	資本剰余金		利益剰余金				自己株式	株主資本合計
		資本準備金	資本剰余金合計	利益準備金	その他利益剰余金		利益剰余金合計		
					別途積立金	繰越利益剰余金			
当期首残高	350,000	75,000	75,000	10,000	74,850	70,391	155,241	△2,000	578,241
当期変動額									
新株の発行	30,000①								30,000
剰余金の配当				2,500①		△46,750①	△44,250		△44,250
別途積立金の積立て					5,000	△5,000①	—		—
当期純利益						276,588	276,588		276,588
当期変動額合計	30,000	—	—	2,500	5,000	224,838	232,338	—	262,338
当期末残高	380,000	75,000	75,000	12,500	79,850	295,229	387,579	△2,000	840,579

解　説

特に指示のない限り、単位は千円とする。

残高試算表の売上値引は売上から直接控除する。また、仕入値引は仕入から直接控除するとともに、仕入割引は営業外収益に表示する。

1．現金及び預金

(1)　先日付小切手

先日付小切手は、受取手形として表示する。

（受 取 手 形）　7,000　（売　掛　金）　7,000

(2)　当座預金（丙銀行）

・未取付小切手

仕訳不要

・未渡小切手

（現金及び預金）　1,000　（未　払　金）　1,000

・未渡小切手処理後

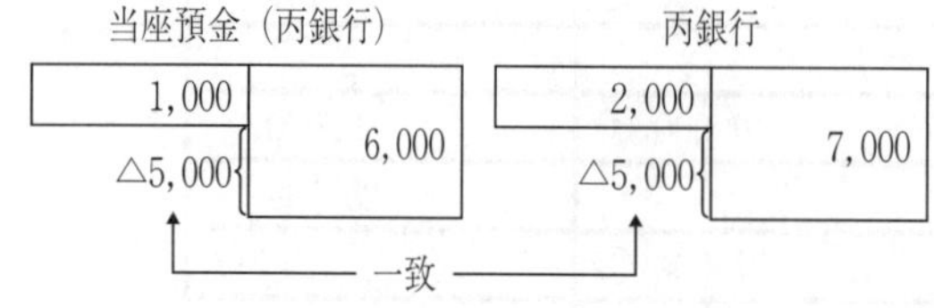

借越額5,000を現金及び預金に加算するとともに、流動負債に短期借入金として表示する。

(3)　定期預金

1年基準により投資その他の資産に長期性預金として表示する。

2．受取手形及び売掛金並びに貸付金

(1)　受取手形

資金貸付の際に受け取った手形は、1年基準により流動資産に短期貸付金として表示する。

(2)　売掛金

B社は<資料Ⅱ>4．より当社の関連会社に該当するため、解答上の留意事項4．の指示により、同社に対する債権は関係会社売掛金として表示する。

(3)　貸付金

①　F社

F社に対する貸付金は、1年基準により投資その他の資産に長期貸付金として表示する。

②　上記以外

1年基準により流動資産に短期貸付金として表示する。

3．貸倒引当金

(1) 貸借対照表　貸倒引当金

① 流動資産

・一般債権

(469,350（受手）＋336,000（売掛）＋50,000（関売掛）＋153,300（短貸）)

×２％＝20,173

② 投資その他の資産

・一般債権

100,000（長貸）×２％＝2,000

(2) 損益計算書　貸倒引当金繰入

① 販売費及び一般管理費

20,173（流動）＋2,000（固定）－16,243（T/B）＝5,930

問題文の指示により貸倒引当金繰入はすべて販売費及び一般管理費に計上する。

4．有価証券

(1) A社株式（売買目的有価証券に該当）

・売却

(仮　受　金)	※2 69,800	(有 価 証 券)	※1 63,030
		(有 価 証 券 売 却 損 益)	差額 6,770

※1　$126,060 \times \frac{1}{2} = 63,030$

※2　70,000－200＝69,800

なお、有価証券の売却に係る手数料は支払手数料として総額で表示することもあるが、上場株式は証券会社等を通じて売却し、売却手数料が差し引かれた手取額により送金されることから、一般的に純額で処理する。

・期末評価

(有 価 証 券 評 価 損 益)	※ 2,775	(有 価 証 券)	2,775

※　63,030－60,255＝2,775

(2) B社株式（関連会社株式に該当）

(関係会社株式)	59,000	(有 価 証 券)	59,000

(3) C社株式（子会社株式に該当）

議決権の50％超（300株÷500株＝60％）を所有していることから、C社は当社の子会社に該当する。なお、実質価額が著しく低下しているため、減損処理を行う。

(関係会社株式)	※ 6,000	(有 価 証 券)	15,000
(関 係 会 社 株式評価損)	差額 9,000		

※　$\frac{1,490,000（諸資産）-1,480,000（諸負債）}{500株} \times 300株 = 6,000$

(4) 浜松株式会社株式（自己株式に該当）

純資産の部の株主資本の末尾において一括して控除する形式で表示する。

(自 己 株 式)	2,000	(有 価 証 券)	2,000

5．棚卸資産

(1) 甲商品

期末商品棚卸高（P/L）	130,000
商　　　品（B/S）	130,000

甲商品については棚卸減耗損等が発生していないため130,000が貸借対照表に商品として計上される。

(2) 乙商品

期末商品棚卸高（P/L）	65,000
商品棚卸減耗損（P/L）	2,000
商 品 評 価 損（P/L）	1,200
商　　　品（B/S）	61,800

乙商品については商品棚卸減耗損と商品評価損が発生しているため65,000から商品棚卸減耗損2,000と商品評価損1,200を控除した61,800が貸借対照表に商品として計上される。

6．有形固定資産及び無形固定資産

(1) 資産除去債務

① 取得時

(建　　物)	552	(資産除去債務)	※ 552

※　1,000×0.552＝552

② 決算時

・利息費用

(利 息 費 用)	※ 11	(資産除去債務)	11

※　552×2.0％＝11（千円未満切捨）

・減価償却

(減価償却費)	※ 18	(減 価 償 却 累 計 額)	18

※　$552 \times \frac{1年}{30年} = 18$（千円未満切捨）

(2) 車両運搬具の売却

(減価償却累計額)	8,100	(車両運搬具)	30,000
(減価償却費)	※ 1,350	(車両運搬具売却益)	差額 450
(仮受金)	21,000		

※ $30,000 \times 0.9 \times \frac{1年}{10年} \times \frac{6ヶ月}{12ヶ月} = 1,350$

(3) 商標権

(商標権償却)	※ 6,000	(商標権)	6,000

※ $48,500 \times \frac{12ヶ月}{10年 \times 12ヶ月 - 23ヶ月} = 6,000$

7．借入金

X5年７月31日一括返済の借入金は、１年基準により固定負債に長期借入金として表示する。

8．引当金

(1) 退職給付引当金

(退職給付費用)	11,280	(退職給付引当金)	11,280

(2) 修繕引当金

(修繕引当金繰入)	5,000	(修繕引当金)	5,000

9．純資産

資本金への組入額は原則的方法によるため、全額を資本金とする。

(仮受金)	30,000	(資本金)	30,000

10. 諸税金

(1) 中間納付額及び源泉徴収税額

(仮払法人税等)	86,000	(仮払金)	※ 82,000
		(租税公課)	4,000

※ 65,600＋16,400＝82,000

(2) 確定納付額

(法人税等)	※ 157,000	(仮払法人税等)	86,000
(租税公課)	7,000	(未払法人税等)	差額 78,000

※ 129,000＋35,000－7,000＝157,000

11. 税効果会計

(1) 貸借対照表

投資その他の資産　繰延税金資産

517,700×35%＝181,195

(2) 損益計算書

法人税等調整額

173,145 (T/B)－181,195＝△8,050（貸方残）

12. 配当

(1) 剰余金の配当等（８月）

(繰越利益剰余金)	27,000	(仮払金)	20,000
		(利益準備金)	※ 2,000
		(別途積立金)	5,000

※(1) $350,000 \times \frac{1}{4} - (75,000 + 10,000) = 2,500$

(2) $20,000 \times \frac{1}{10} = 2,000$

(3) (1)＞(2)　∴2,000

(2) 剰余金の配当等（１月）

(繰越利益剰余金)	24,750	(仮払金)	24,250
		(利益準備金)	※ 500

※(1) $350,000 \times \frac{1}{4} - (75,000 + 10,000 + 2,000)$ (2,000：解説12.(1))

＝500

(2) $24,250 \times \frac{1}{10} = 2,425$

(3) (1)＜(2)　∴500

13. その他

(給料手当)	9,710	(未払給料手当)	9,710
(賞与手当)	26,000	(未払賞与手当)	26,000

当該未払賞与手当は、支給額が確定しているため、引当金ではなく未払費用として計上する。なお、賞与手当は給料手当に含めて表示する。

仮計算

B/S
(X3.6.1～X4.5.31)→X5.5.31
(千円)

現　預　262,505＋1,000[1]＋5,000[1借越]△50,000[1長預]
受[2%]　手　492,550＋7,000[1]△30,200[2]
売[2%]　掛　393,000△7,000[1]△50,000[2]
有　証　60,255[4A株]
商　品　130,000[5甲]＋61,800[5乙]
短[2%]　貸　223,100＋30,200[2]△100,000[2]
~~仮払金　126,250△82,000[10]△20,000[12]△24,250[12]~~
関売掛[2%]　50,000[2]
　貸　引　20,173[3]

建　物　700,000＋552[6]
車　運　150,000△30,000[6]
器　備　200,000
土　地　61,515
　減　累　518,564＋18[6]△8,100[6]

商　標　48,500△6,000[6]

繰税資　~~173,145~~　181,195[11]
長　預　50,000[1]
長[2%]　貸　100,000[2]
関　株　59,000[4B株]＋6,000[4C株]
　貸　引　2,000[3]

支　手　401,405
買　掛　331,530
短　借　300,000＋5,000[1]△300,000[7]
預り金　14,500
~~仮受金　120,800△69,800[4]△21,000[6]△30,000[9]~~
未　消　21,000
未払金　1,000[1]
修　引　5,000[8]
未　法　164,000[10]△86,000[10]
未　費　9,710[13]＋26,000[13]

退　引　421,750＋11,280[8]
資　除　552[6]＋11[6]
長　借　300,000[7]

資　本　350,000＋30,000[9]
資　準　75,000
利　準　10,000＋2,000[12]＋500[12]
別　積　74,850＋5,000[12]
自　株　2,000[4]

貸　引　16,243

P/L
(X3. 6 . 1 ～X4. 5 . 31)　　　　(千円)

借方	貸方
期　首　180,000	売　上　2,772,500△2,500[値引]
当　期　1,371,000△1,000[値引]	受利配　25,997
期　末　130,000[5甲]+65,000[5乙]	有売益　10,000+6,770[4]
商棚減　2,000[5乙]	仕　割　700
商評損　1,200[5乙]	雑　収　530
給　料　600,000+9,710[13]+26,000[13]	車売益　450[6]
広　宣　193,000	
租　公　50,000△4,000[10]+7,000[10]	
減　費　82,194+18[6]+1,350[6]	法住事　157,000[10]
貸　繰　5,930[3]	法　調　△8,050[11]
利　費　11[6]	
商　償　6,000[6]	
退　費　11,280[8]	
修　繰　5,000[8]	
諸販管　19,341	
支　利　5,250	
有評損　2,775[4]	
雑　損　850	
関評損　9,000[4]	

第4回 解答・解説

解答

(1) 株式会社山形商事の貸借対照表及び損益計算書

貸借対照表

X4年3月31日現在 (単位：千円)

資産の部		負債の部	
科目	金額	科目	金額
Ⅰ 流動資産	1,351,042	Ⅰ 流動負債	881,360
現金及び預金	108,158 ①	支払手形	216,160
受取手形	390,000	買掛金	289,500 ①
売掛金	591,600 ①	短期借入金	184,500 ①
有価証券	6,800 ①	未払金	84,000
商品	210,000 ①	未払費用	5,930 ①
貯蔵品	3,500	未払法人税等	30,400 ①
前払費用	3,200 ①	未払消費税等	57,300
未収収益	1,100 ①	預り金	9,070
短期貸付金	40,200 ①	賞与引当金	4,500
貸倒引当金	△3,516 ①	Ⅱ 固定負債	367,700
Ⅱ 固定資産	761,522	長期借入金	53,300 ①
1 有形固定資産	358,244	退職給付引当金	314,400 ①
建物	215,920 ①	負債合計	1,249,060
車両運搬具	3,405 ①	純資産の部	
器具備品	23,550	Ⅰ 株主資本	872,604
土地	75,469	1 資本金	450,000
建設仮勘定	39,900 ①	2 資本剰余金	24,000
2 無形固定資産	47,600	(1) 資本準備金	24,000
借地権	47,600	3 利益剰余金	398,604
3 投資その他の資産	355,678	(1) 利益準備金	15,000
投資有価証券	77,454 ①	(2) その他利益剰余金	383,604
関係会社株式	55,000 ①	別途積立金	155,347
長期貸付金	26,000 ①	繰越利益剰余金	228,257
破産更生債権等	17,000 ①	Ⅱ 評価・換算差額等	△9,100
長期前払費用	1,590 ①	1 その他有価証券評価差額金	△9,100 ①
繰延税金資産	130,410 ①		
長期性預金	60,750 ①		
貸倒引当金	△12,526 ①	純資産合計	863,504
資産合計	2,112,564	負債・純資産合計	2,112,564

損　益　計　算　書

自　X3年4月1日
至　X4年3月31日

（単位：千円）

科　　目	金　　額	
Ⅰ 売上高		2,266,900
Ⅱ 売上原価		
期首商品棚卸高	195,500	
当期商品仕入高	1,425,961	
合計	1,621,461	
期末商品棚卸高	219,000 ①	
差引	1,402,461	
商品評価損	5,700 ①	1,408,161
売上総利益		858,739
Ⅲ 販売費及び一般管理費		611,857
営業利益		246,882
Ⅳ 営業外収益		
受取利息配当金	3,900	
有価証券利息	204 ①	
雑収入	4,726	8,830
Ⅴ 営業外費用		
支払利息	6,360 ①	
有価証券評価損	200 ①	
雑損失	2,772	9,332
経常利益		246,380
Ⅵ 特別損失		
投資有価証券評価損	9,500 ①	
貸倒引当金繰入	12,500 ①	
商品棚卸減耗損	2,300 ①	
役員退職慰労金	14,000 ①	38,300
税引前当期純利益		208,080
法人税、住民税及び事業税	78,000 ①	
法人税等調整額	△4,340 ①	73,660
当期純利益		134,420

第4回

(2) 販売費及び一般管理費の明細

（単位：千円）

科　目	金　額
給料手当	341,630 ①
法定福利費	35,000
賞与引当金繰入	4,500 ①
退職給付費用	28,400 ①
通信費	5,600
消耗品費	8,500 ①
水道光熱費	19,700
減価償却費	34,355 ①
貸倒引当金繰入	3,429 ①
商品棚卸減耗損	1,000 ①
その他販売管理費	129,743
合　計	611,857

(3)

＜貸借対照表等に関する注記＞

①	土地のうち40,000千円が長期借入金53,300千円の担保に供されている。①
②	関係会社に対する短期金銭債権は100,000千円である。①
③	取締役に対する金銭債権は26,000千円である。①
④	有形固定資産の減価償却累計額は493,125千円である。①

＜損益計算書に関する注記＞

⑤	関係会社に対する営業取引高は190,000千円である。①

＜重要な後発事象に関する注記＞

⑥	X4年５月２日に当社の主要な建物が火災により焼失している。①

解 説

以下、指示のない限り単位は千円とする。

＜資料Ⅲ＞　決算整理の未済事項及び参考資料

1．現金及び預金

(1)　X銀行の当座預金

X銀行の当座預金残高を、現金及び預金勘定の貸借差額より算定する。なお、借越額4,000を現金及び預金に加算するとともに、流動負債に短期借入金として表示する。

現金及び預金

借方	貸方
現金 2,558	当座（X銀行） 貸借差額 (4,000)
当座（W銀行） 3,600	
定期預金 100,000	
定期預金 60,750	

（借方合計）残高試算表 162,908

⇩

当座借越処理後

現金及び預金

借方	貸方
現金 2,558	
当座（W銀行） 3,600	
定期預金 100,000	
定期預金 60,750	

（借方合計）166,908

短期借入金

借方	貸方
	当座（X銀行） (4,000)

(2)　定期預金（満期日　X5年8月31日）

60,750は貸借対照表日の翌日から1年を超えて満期日が到来するため、投資その他の資産に長期性預金として表示する。

(3)　未渡小切手の修正処理（W銀行）

（現金及び預金）　2,000　（買　掛　金）　2,000

2．受取手形及び売掛金並びに貸付金

(1)　A社は、＜資料Ⅲ＞4．より当社の関係会社（子会社）に該当する。関係会社に対する金銭債権については、解答上の留意事項ニの指示に従って一括注記方式により記載する。

(2)　＜資料Ⅲ＞3．より甲社に対する債権は破産更生債権等に該当し、乙社に対する債権は貸倒懸念債権に該当するため、破産更生債権等は、投資その他の資産に破産更生債権等として、貸倒懸念債権は受取手形及び売掛金に含めたまま表示する。

（破産更生債権等）　17,000　（受 取 手 形）　7,000

（売　掛　金）　10,000

(3)　取締役に対する長期の貸付金は、投資その他の資産に長期貸付金として表示し、貸借対照表等に関する注記として記載する。

また貸付金の利息未収分を計上する。

（未 収 利 息）　1,100　（受取利息配当金）　1,100

3．貸倒引当金

(1)　貸借対照表　貸倒引当金

①　流動資産

・一般債権（受取手形、売掛金、短期貸付金、未収利息）

(390,000[受手]＋591,600[売掛]－6,000[懸念]＋40,200[短貸]＋1,100[未収利息])×0.1％＝1,016

（千円未満切捨）

・貸倒懸念債権（受取手形、売掛金）

(6,000[懸念]－1,000[担保等])×50％＝2,500

・合計　1,016＋2,500＝3,516

② 投資その他の資産

・一般債権（長期貸付金）

長貸
26,000×0.1％＝26

・破産更生債権等

破産　担保等
17,000－4,500＝12,500

・合計　26＋12,500＝12,526

(2) 損益計算書　貸倒引当金繰入

① 販売費及び一般管理費

・一般債権及び貸倒懸念債権

一般流動　一般固定　T/B　懸念
（1,016＋ 26 －113）＋2,500＝3,429

問題の指示により一般債権及び貸倒懸念債権に係るものについては、全額を販売費及び一般管理費に計上することに留意する。

② 特別損失

・破産更生債権等

破産
12,500

4．有価証券

(1) A社株式（子会社株式に該当）

議決権の50％超を所有しているため、A社は子会社に該当する。

（関係会社株式）	55,000	（有 価 証 券）	55,000

(2) B社株式（売買目的有価証券に該当）

（有価証券評価損益）	※ 200	（有 価 証 券）	200

※　7,000－6,800＝200

(3) C社株式（その他有価証券に該当）

期首振戻処理

（繰延税金資産）	※2 350	（有 価 証 券）	※1 1,000
（評価差額金）	差額 650		

前期末時価　原始取得原価
※1　26,500 － 25,500 ＝1,000

※2　1,000×35％＝350

期末評価

（投資有価証券）	23,000	（有 価 証 券）	25,500
（繰延税金資産）	※ 875		
（その他有価証券評価差額金）	差額 1,625		

原始取得原価　当期末時価
※　（ 25,500 － 23,000 ）×35％＝875

(4) D社株式（その他有価証券に該当）

期首振戻処理

（有 価 証 券）	※2 6,500	（繰延税金資産）	差額 2,275
		（評価差額金）	※1 4,225

※1　前期末評価差額の算定

D社株式の前期末評価差額を x とする。

T/B　C社株式評価差額
△3,575＝ x ＋ 650

x ＝△4,225（評価差損）

なお、E社株式は前期末に減損処理が行われているため、T/Bの評価差額金は、C社株式及びD社株式から生じたものであることに留意する。

※2　4,225÷（1－35％）＝6,500

期末評価

（投資有価証券）	37,000	（有 価 証 券）	48,500
（繰延税金資産）	※ 4,025		
（その他有価証券評価差額金）	差額 7,475		

原始取得原価　当期末時価
※　（ 48,500 － 37,000 ）×35％＝4,025

(5) E社株式（その他有価証券に該当）

（投資有価証券）	8,000	（有 価 証 券）	17,500
（投資有価証券評価損）	※ 9,500		

※　17,500－8,000＝9,500

なお、前期末においても減損処理が行われていることに留意する。

(6) F社社債（満期保有目的の債券に該当）

（投資有価証券）	9,400	（有 価 証 券）	9,400

償却原価法

（投資有価証券）	54	（有価証券利息）	※ 54

実効利子率
※①　9,400× 4.36％ × $\frac{6ヶ月}{12ヶ月}$ ＝204

（千円未満切捨）

クーポン利率
②　10,000× 3％ × $\frac{6ヶ月}{12ヶ月}$ ＝150

③　①－②＝54

5．棚卸資産

(1) 商品

資料で与えられている210,000は、B/Sに商品として計上する期末実地棚卸高であるため、評価損等を加算してP/L期末商品棚卸高として計上する。また、イ商品及びロ商品から、評価損等が生じていることに留意する。

① 損益計算書

・期末商品棚卸高　219,000※1

※1　210,000（期末実地棚卸高）＋1,000（イ棚減※2）＋2,300（ロ棚減※3）＋5,700（ロ評価損※4）＝219,000

・商品棚卸減耗損

※2　イ商品

@50×(150個－130個)＝1,000

（販売費及び一般管理費）

※3　ロ商品

@230×(200個－190個)＝2,300

（特別損失）

・商品評価損

※4　ロ商品

(@230－@200)×190個＝5,700

（売上原価の内訳科目）

② 貸借対照表

商品　210,000

(2) 貯蔵品

（消耗品費）　2,000　（貯蔵品）　2,000

（貯蔵品）　3,500　（消耗品費）　3,500

6．有形固定資産

有形固定資産の減価償却累計額は、問題の指示により貸借対照表等に関する注記として記載する。

(1) 建物

・当期取得分

（減価償却費）　180※　（減価償却累計額）　180

※　$12,000 \times 0.9 \times 0.025 \times \frac{8ヶ月}{12ヶ月} = 180$

・従来分

（減価償却費）　14,130※　（減価償却累計額）　14,130

※　(640,000（T/B）－12,000（当期取得）)×0.9×0.025＝14,130

(2) 車両運搬具

（減価償却費）　1,595※　（減価償却累計額）　1,595

※　(14,000－9,000)×0.319＝1,595

(3) 器具備品

（減価償却費）　18,450※　（減価償却累計額）　18,450

※　82,000×0.9×0.250＝18,450

(4) 土地が長期借入金の担保に供されている旨は、貸借対照表等に関する注記として記載する。

(5) 建設手付金は有形固定資産に建設仮勘定として表示する。

（建設仮勘定）　39,900　（仮払金）　39,900

7．借入金

(1) 支払利息

（前払利息）　4,790　（支払利息）　4,790

翌期分　前払費用　4,790－1,590＝3,200

翌々期分　長期前払費用　1,590

(2) Z銀行からのものは返済期日が貸借対照表日の翌日から起算して1年を超えて到来するため、固定負債に長期借入金として表示する。

(3) Y銀行からのものは返済期日が貸借対照表日の翌日から起算して1年以内に到来するため、流動負債に短期借入金として表示する。

8．退職給付引当金

（退職給付引当金）　14,500　（退職給付費用）　14,500

（退職給付費用）　28,400※　（退職給付引当金）　28,400

※　314,400（当期末退職給付引当金）－(300,500（前期末退職給付引当金）－14,500（期中退職者支給額）)＝28,400

9．従業員賞与

(1) 前期設定残高

（賞与引当金）　4,000　（給料手当）　4,000

(2) 当期設定

（賞与引当金繰入）　4,500※　（賞与引当金）　4,500

※　$6,750 \times \frac{4ヶ月}{6ヶ月} = 4,500$

10. 法人税等

（仮払法人税等） 47,600※ （仮　払　金） 47,600

※　37,200＋10,400＝47,600

（法 人 税 等） 78,000※ （仮払法人税等） 47,600

（未払法人税等） 30,400（差額）

※　61,000＋17,000＝78,000

11. 税効果会計

(1) 繰延税金資産

358,600×35%＝125,510

125,510＋875（C株）＋4,025（D株）＝130,410

(2) 法人税等調整額

その他有価証券の評価差額について全部純資産直入法を採用している場合、法人税等調整額の金額には影響がないことに留意する。

121,170※－125,510＝△4,340（貸方残）

※　123,095（T/B）＋ 350（C株振戻） －2,275（D株振戻）＝121,170

12. その他の事項

(1) 役員退職慰労金

特別損失に役員退職慰労金を記載するとともに、役員退職慰労積立金の取崩しを行う。

（役員退職慰労金） 14,000 （仮　払　金） 14,000

（役員退職慰労積立金） 14,000 （繰越利益剰余金） 14,000

(2) A社は、当社の関係会社（子会社）に該当するため、A社に対する売上高は、損益計算書に関する注記として記載する。

(3) 未払給料手当

（給 料 手 当） 5,930 （未払給料手当） 5,930

(4) 重要な後発事象に該当するため、重要な後発事象に関する注記として記載する。

仮計算

B/S（X3. 4. 1～X4. 3. 31）→X5. 3. 31 （千円）

借方	貸方
現　預　162,908＋4,000[1借越]△60,750[1長預]＋2,000[1]	支　手　216,160
受　手[0.1%]　397,000△7,000[2]	買　掛　287,500＋2,000[1]
（懸念[50%]　4,000[2]　担保　1,000[3]）	短　借　233,800＋4,000[1]△53,300[7]
売　掛[0.1%]　601,600△10,000[2]	未払金　84,000
（懸念[50%]　2,000[2]）	未　消　57,300
有　証　6,800[4B株]	預り金　9,070
商　品　210,000[5]	賞　引　~~4,000~~[9]　4,500[9]
貯　蔵　~~2,000~~[5]　3,500[5]	未　法　78,000[10]△47,600[10]
短　貸[0.1%]　66,200△26,000[2]	未　費　5,930[12]
~~仮払金　101,500△39,900[6]△47,600[10]△14,000[12]~~	退　引　~~300,500△14,500~~[8]　314,400[8要支給]
未　益[0.1%]　1,100[2]	長　借　53,300[7]
前　費　3,200[7]	
貸引　1,016[3]＋2,500[3]	
建　物　640,000	
減累　409,770[6]＋180[6]＋14,130[6]	
車　運　14,000	
減累　9,000[6]＋1,595[6]	
器　備　82,000	資　本　450,000
減累　40,000[6]＋18,450[6]	資　準　24,000
土　地　75,469	利　準　15,000
建　仮　39,900[6]	~~役慰積　14,000~~[12]
	別　積　155,347
借　地　47,600	そ評差　~~△3,575~~　△1,625[4C株]△7,475[4D株]
繰税資　~~123,095＋350[4C株]△2,275[4D株]~~　875[4C株]＋4,025[4D株]＋125,510[11]	貸　引　113
長　預　60,750[1]	
破　産　17,000[2]	
（担保　4,500[3]）	
長　貸[0.1%]　26,000[2]	
関　株　55,000[4A株]	
投　有　23,000[4C株]＋37,000[4D株]＋8,000[4E株]＋9,454[4F債]	
長前費　1,590[7]	
貸引　26[3]＋12,500[3]	

P/L（X3. 4. 1～X4. 3. 31）　（千円）

借方	貸方
期　首　195,500	売　上　2,266,900
当　期　1,425,961	
期　末　219,000[5]	
商評損　5,700[5]	
給　料　339,700△4,000[9]＋5,930[12]	
退　費　~~14,500~~[8]　28,400[8]	受利配　2,800＋1,100[2]
法　福　35,000	有　利　150＋54[4]
通　信　5,600	
消　費　10,000＋2,000[5]△3,500[5]	
水　光　19,700	
貸　繰　929[3]＋2,500[3]	
商棚減　1,000[5]	
減　費　180[6]＋14,130[6]＋1,595[6]＋18,450[6]	雑　収　4,726
賞　繰　4,500[9]	
その他　129,743	
支　利　11,150△4,790[7]	法住事　78,000[10]
有評損　200[4]	法　調　△4,340[11]
雑　損　2,772	
貸　繰　12,500[3]	
投評損　9,500[4]	
商棚減　2,300[5]	
役退慰　14,000[12]	

第5回 解答・解説

解 答

(1) 西船物産株式会社第33期の貸借対照表及び損益計算書

貸 借 対 照 表

X3年3月31日現在 (単位：千円)

資産の部		負債の部	
科目	金額	科目	金額
流動資産	(394,079)	流動負債	(345,209)
現金及び預金	22,903①	支払手形	61,892
受取手形	25,000	買掛金	139,740①
売掛金	213,000①	短期借入金	75,763①
有価証券	65,000①	未払法人税等	40,428①
商品	50,310①	未払消費税等	24,616①
未収収益	522①	預り金	2,590
短期貸付金	20,200①	保証債務	180①
貸倒引当金	△2,856①	固定負債	(45,770)
固定資産	(1,302,627)	長期借入金	11,800①
有形固定資産	(826,657)	退職給付引当金	33,970①
建物	430,460①	負債合計	390,979
車両運搬具	25,995	純資産の部	
器具備品	61,000①	株主資本	(1,305,987)
土地	454,656	資本金	470,000
減価償却累計額	△145,454①	資本剰余金	(60,000)
無形固定資産	(15,000)	資本準備金	60,000
借地権	15,000	利益剰余金	(778,987)
投資その他の資産	(460,970)	利益準備金	9,500
投資有価証券	67,650①	その他利益剰余金	(769,487)
関係会社株式	267,750①	別途積立金	418,828
長期貸付金	85,800①	繰越利益剰余金	350,659
破産更生債権等	35,750①	自己株式	△3,000①
繰延税金資産	28,770①	評価・換算差額等	(△260)
長期性預金	8,000①	その他有価証券評価差額金	△260①
貸倒引当金	△32,750①	純資産合計	1,305,727
資産合計	1,696,706	負債・純資産合計	1,696,706

損　益　計　算　書

自X2年4月1日　至X3年3月31日　　(単位：千円)

科　　　目	金　　　額	
売　上　高		2,331,500①
売　上　原　価		1,818,570①
売　上　総　利　益		512,930
販売費及び一般管理費		149,322
営　業　利　益		363,608
営　業　外　収　益		
受取利息配当金	3,392①	
有価証券利息	300	
有価証券売却益	1,000	
有価証券評価益	1,900①	
雑　収　入	3,995	10,587
営　業　外　費　用		
支　払　利　息	2,175	
為　替　差　損	605①	
手　形　売　却　損	555①	
雑　損　失	8,800	12,135
経　常　利　益		362,060
特　別　利　益		
保　険　差　益	4,540①	4,540
特　別　損　失		
貸倒引当金繰入	32,750①	
建　物　圧　縮　損	4,540①	
投資有価証券評価損	15,600①	52,890
税引前当期純利益		313,710
法人税、住民税及び事業税	109,148①	
法人税等調整額	△1,295①	107,853
当　期　純　利　益		205,857

第5回

(2) 販売費及び一般管理費の明細

（単位：千円）

科　　　目	金　　額
給料手当	71,410
法定福利費	10,620
退職給付費用	8,830 ①
広告宣伝費	13,592
租税公課	9,640 ①
減価償却費	28,374 ①
貸倒引当金繰入	656 ①
その他	6,200
合　　計	149,322

(3) 個別注記表

（貸借対照表等に関する注記）
1．受取手形の割引高　15,000千円　①
2．関係会社に対する短期金銭債権10,480千円①、長期金銭債権60,000千円①
3．土地のうち20,000千円が短期借入金28,000千円の担保に供されている。①
4．取締役に対する金銭債権　10,000千円　①
5．建物から保険差益相当額4,540千円が控除されている。①
（損益計算書に関する注記）
6．関係会社との取引高
営業取引高　223,000千円①
営業取引以外の取引高　1,800千円①

解説

以下、特に指示のない限り単位は千円とする。

1．現金及び預金

(1) 外国通貨の換算

（為替差損益）　※5　（現金及び預金）　5

※　123－1,000米ドル×118円（決算日レート）＝5

(2) 当座預金

・未取付小切手（甲銀行）

当社の修正は不要である。

・当座借越（乙銀行）

当座預金の帳簿残高△1,053と甲銀行の帳簿残高200との差額1,253が乙銀行における当座借越額となる。よって、1,253を現金及び預金に加算するとともに、同額を流動負債に短期借入金として表示する。

(3) X4年8月末満期の定期預金

1年基準により、投資その他の資産に長期性預金として表示する。

2．受取手形、売掛金及び売上高

⑴　B社に対する受取手形及び売掛金

B社に対する債権は、破産更生債権等に該当（（資料Ⅱ）5）する。

借方	金額	貸方	金額
(破産更生債権等)	15,750	(受取手形)	11,500
		(売掛金)	4,250

⑵　D社からの返品

借方	金額	貸方	金額
(売上高)	※3,000	(売上戻り)	3,300
(仮受消費税等)	差額300		

※　$3,300\times\frac{100}{110}=3,000$

また、D社（（資料Ⅱ）5により関連会社）に対する売掛金は貸借対照表等に関する注記、売上高（226,000－3,000＝223,000）は損益計算書に関する注記として記載する。

⑶　手形の割引

借方	金額	貸方	金額
(仮受金)	14,625	(受取手形)	15,000
(手形売却損)	差額555	(保証債務)	※180

※　15,000×1.2%＝180

手形の割引高は貸借対照表等に関する注記として記載する。

⑷　貸倒れ

借方	金額	貸方	金額
(貸倒引当金)	2,500	(売掛金)	2,500

3．短期貸付金

⑴　F社に対するもの

①　貸付金

1年基準により次のように表示する。

(36,000－33,000)÷5ヶ月＝600

・600×12ヶ月＝7,200

→B/S流動資産　短期貸付金

・33,000－7,200＝25,800

→B/S投資その他の資産　長期貸付金

②　受取利息配当金

借方	金額	貸方	金額
(未収利息)	※522	(受取利息配当金)	522

※　未収となる5ヶ月分の各月初残高に対し利率を乗じて算定する。

月	残高	
11月分	36,000	合計174,000×0.3%＝522
12月分	35,400	
1月分	34,800	
2月分	34,200	
3月分	33,600	

⑵　D社（関連会社）に対するもの

D社（関連会社）に対する貸付金は、1年基準により投資その他の資産に長期貸付金として表示し、貸借対照表等に関する注記として記載する。また、受取利息は損益計算書に関する注記として記載する。

⑶　取締役に対するもの

取締役に対する貸付金は、1年基準により流動資産に短期貸付金として表示し、貸借対照表等に関する注記として記載する。

4．貸倒引当金等

⑴　G社

G社の銀行借入れの際に債務保証を行っていたことによる履行請求により支払った20,000については求償中であるが、G社は破産手続開始の申立てを行っており、1年以内に回収される見込みがないため、投資その他の資産に破産更生債権等として表示する。

借方	金額	貸方	金額
(破産更生債権等)	20,000	(雑損失)	20,000

⑵　貸借対照表

①　流動資産

・一般債権

(25,000（受手）＋213,000（売掛）)×1.2%＝2,856

②　投資その他の資産

・破産更生債権等（B社及びG社）

15,750－3,000（担保）＋20,000＝32,750

G社に対しては、問題の指示により、債務保証履行額の全額を計上する。

⑶　損益計算書

①　販売費及び一般管理費

2,856－（4,700 [T/B貸引] － 2,500 [2.⑷貸倒]）＝656

②　特別損失　32,750

5．有価証券

⑴　A社株式（売買目的有価証券に該当）

（有価証券）	2,400	（有価証券評価損益）	※2,400

※　53,500－51,100＝2,400

⑵　B社株式（その他有価証券に該当）

（投資有価証券評価損）	15,600	（有価証券）	15,600

⑶　C社株式（その他有価証券に該当）

（投資有価証券）	62,650	（有価証券）	63,050
（繰延税金資産）	※140		
（その他有価証券評価差額金）	差額 260		

※　(63,050－62,650)×35％＝140

⑷　C社社債（満期保有目的の債券に該当）

（投資有価証券）	5,000	（有価証券）	5,000

⑸　D社株式（関連会社株式に該当）

当社はD社の議決権の20％（1,275千株÷6,375千株＝20％）を所有していることから、D社は当社の関連会社に該当する。

（関係会社株式）	267,750	（有価証券）	267,750

⑹　E社株式（売買目的有価証券に該当）

（有価証券評価損益）	※500	（有価証券）	500

※　12,000－11,500＝500

⑺　自己株式

（自己株式）	7,500	（有価証券）	7,500

・処分

（仮受金）	※1 3,750	（自己株式）	※2 4,500
（その他資本剰余金）	差額 750		

※1　@250円×15,000株＝3,750

※2　$7,500\times\frac{15,000株}{25,000株}=4,500$

自己株式を処分した場合に生じた処分差損は、その他資本剰余金から減額し、その他資本剰余金が負の値となった場合には、会計期間末においてその他資本剰余金をゼロとし、当該負の値を繰越利益剰余金から減額する。

（繰越利益剰余金）	750	（その他資本剰余金）	750

6．棚卸資産

⑴　甲商品については期末実地棚卸高30,200が適正額であるため、乙商品20,110を加算した50,310をP/L期末商品棚卸高として計上するとともに、B/S商品の金額も50,310を計上する。

⑵　買掛金

請求書の二重発行による請求分の取消を行う。

（買掛金）	2,420	（仕入高）	※2,200
		（仮払消費税等）	220

※　$2,420\times\frac{100}{110}=2,200$

7．有形固定資産

残高試算表の有形固定資産の金額は、残高試算表上に減価償却累計額の記載がないため帳簿価額であることに留意する。

⑴　建物

（建物）	104,150	（建物減価償却累計額）	104,150

①　従来分

（減価償却費）	※6,480	（建物減価償却累計額）	6,480

※　(315,850＋104,150 [期首累計額]－60,000 [焼失分])×0.9×0.020＝6,480

②　火災処理

（建物減価償却累計額）	14,000	（建物）	60,000
（減価償却費）	※540	（保険差益）	差額 4,540
（仮受金）	50,000		

※　$60,000\times0.9\times0.020\times\frac{6ヶ月}{12ヶ月}=540$

③　代替資産

(建　　物)　75,000　(仮　払　金)　75,000

(建物圧縮損)　4,540　(建　　物)　4,540

(減価償却費)　※352　(建物減価償却累計額)　352

※　$(75,000-4,540)\times0.020\times\frac{3ヶ月}{12ヶ月}=352$

(百円の位四捨五入)

また、直接減額方式により圧縮記帳を行った場合には、圧縮相当額を貸借対照表等に関する注記として記載する。

(2)　車両運搬具

(車両運搬具)　6,740　(車両運搬具減価償却累計額)　6,740

(減価償却費)　※6,142　(車両運搬具減価償却累計額)　6,142

※　19,255×0.319＝6,142

(百円の位四捨五入)

(3)　器具備品

(器具備品)　20,730　(器具備品減価償却累計額)　20,730

(減価償却費)　※14,860　(器具備品減価償却累計額)　14,860

※　40,270×0.369＝14,860

(百円の位四捨五入)

8．短期借入金

(1)　丙銀行より借入れたもの

1年基準により固定負債に長期借入金として表示する。

(為替差損益)　※600　(長期借入金)　600

※　100千米ドル×118円(決算日レート)－11,200＝600

(2)　丁銀行より借入れたもの

1年基準により流動負債に短期借入金として表示する。また、当該借入金の担保に供されている土地の金額及び担保に係る短期借入金の金額は、貸借対照表等に関する注記として記載する。

9．退職給付引当金

(1)　退職一時金制度

①　一時金支給

(退職給付引当金)　2,520　(仮　払　金)　2,520

②　期末退職給付費用の計上

(退職給付費用)　※5,500　(退職給付引当金)　5,500

※　21,670(当期末)－(18,690(前期末)－2,520(一時金))＝5,500

(2)　企業年金制度

①　掛金拠出

(退職給付引当金)　2,240　(仮　払　金)　2,240

②　期末退職給付費用の計上

(退職給付費用)　※1 3,330　(退職給付引当金)　3,330

※1　12,300(当期末※2)－(11,210(前期末※3)－2,240(掛金拠出))＝3,330

※2　24,520(数理債務)－12,220(年金資産)＝12,300

※3　20,550(数理債務)－9,340(年金資産)＝11,210

10．諸税金

(1)　法人税、住民税及び事業税

(租税公課)　※1 6,780　(仮　払　金)　75,500

(法人税等)　※2 109,148　(未払法人税等)　差額 40,428

※1　26,500－19,720＝6,780

※2　115,928－6,780(※1)＝109,148

(2)　消費税等

(仮払消費税等)　19,780　(仮　払　金)　19,780

(仮受消費税等)　※1 235,700　(仮払消費税等)　※2 211,084

(未払消費税等)　差額 24,616

※1　236,000－300(2．返品)＝235,700

※2　191,524－220(6．二重発行)＋19,780(中間)＝211,084

11．税効果会計

(1)　繰延税金資産

81,800×35％＝28,630

28,630＋140(C株)＝28,770

(2)　法人税等調整額

27,335(T/B)－28,630＝△1,295(貸方残)

全部純資産直入法を採用しているため、法人税等調整額の計算上、「その他有価証券」の評価差額については、金額に影響がないため考慮しないことに留意する。

仮計算

B/S（X2. 4. 1～X3. 3.31→X4. 3.31）　（千円）

借方

現預　29,655△[1]5 +[1借越]1,253△[1長預]8,000

[1.2%]受手　51,500△[2]11,500△[2]15,000

[1.2%]売掛　219,750△[2]4,250△[2]2,500

有証　[5A株]53,500+[5E株]11,500

商品　[6甲]30,200+[6乙]20,110

短貸　106,000△[3]25,800△[3]60,000

~~仮払金　175,040△[7]75,000△[9]2,520△[9]2,240△[10]75,500 △[10]19,780~~

~~仮払消　191,524△[6]220+[10]19,780~~

未益　[3]522

貸引　[4]2,856

建物　315,850+[7]104,150△[7]60,000+[7]75,000 △[7]4,540

減累　[7]104,150+[7]6,480△[7]14,000+[7]352

車運　19,255+[7]6,740

減累　[7]6,740+[7]6,142

器備　40,270+[7]20,730

減累　[7]20,730+[7]14,860

土地　454,656

借地　15,000

繰税資　~~27,335~~　[5C株]140 +[11]28,630

長預　[1]8,000

破産　[2]15,750+[4]20,000

（担保　[2]3,000）

長貸　[3]25,800+[3]60,000

投有　[5C株]62,650+[5C債]5,000

関株　[5D株]267,750

貸引　[4]12,750+[4]20,000

貸方

支手　61,892

買掛　142,160△[6]2,420

短借　85,710+[1借越]1,253△[8]11,200

預り金　2,590

~~仮受金　68,375△[2]14,625△[5]3,750△[7]50,000~~

~~仮受消　236,000△[2]300~~

保債　[2]180

未法　[10]115,928△[10]75,500

未消　[10]24,616

退引　~~29,900△[9]2,520△[9]2,240~~　[9一時金]21,670+[9年金]12,300

長借　[8]11,800

資本　470,000

資準　60,000

~~そ資　△[5]750+[繰利剰]750~~

利準　9,500

別積　418,828

自株　[5]7,500△[5]4,500

そ評差　△[5C株]260

貸引　4,700△[2]2,500

P/L（X2. 4 . 1 ～X3. 3 .31）　　（千円）

借方	貸方
期　首　48,000 当　期　1,823,080△2,200[6] 期　末　30,200[6甲]＋20,110[6乙] （1,818,570）	売　上　2,334,500△3,000[2]
給　料　71,410 法　福　10,620 広　宣　13,592 租　公　2,860＋6,780[10] 貸　繰　656[4] 減　費　6,480[7]＋540[7]＋352[7]＋6,142[7]＋14,860[7] 退　費　5,500[9]＋3,330[9] その他　6,200	受利配　2,870＋522[3] 有　利　300 有売益　1,000[5] 有評益　2,400[5A株]△ 500[有評損] 雑　収　3,995
支　利　2,175 為　損　5[1]　＋600[8] 手売損　555[2] ~~有評損　500~~[5E株] 雑　損　28,800△20,000[4]	保差益　4,540[7]
貸　繰　12,750[4]＋20,000[4] 投評損　15,600[5B株] 建圧損　4,540[7]	法住事　109,148[10] 法　調　△1,295[11]

第6回 解答・解説

解答

問1

貸借対照表

X4年5月31日現在　(単位：千円)

資産の部		負債の部	
科目	金額	科目	金額
Ⅰ．流動資産	1,165,586	Ⅰ．流動負債	841,900
現金及び預金	275,716①	支払手形	188,798
受取手形	238,000①	買掛金	223,316
売掛金	307,000①	関係会社買掛金	74,325①
有価証券	20,000①	短期借入金	64,240①
商品	325,000①	リース債務	5,000
前払費用	1,520①	未払金	82,891
関係会社短期貸付金	3,800①	未払法人税等	27,740①
貸倒引当金	△5,450①	未払消費税等	17,590①
Ⅱ．固定資産	1,147,384	預り金	12,500
1．有形固定資産	820,234	前受金	13,000①
建物	266,454①	賞与引当金	132,500①
車両運搬具	6,810	Ⅱ．固定負債	420,000
器具備品	24,018①	長期借入金	98,200①
土地	507,952	リース債務	10,000①
リース資産	15,000①	退職給付引当金	311,800
2．無形固定資産	21,600	負債合計	1,261,900
ソフトウェア	21,600①	純資産の部	
3．投資その他の資産	305,550	Ⅰ．株主資本	1,053,670
投資有価証券	90,000①	1．資本金	513,000①
関係会社株式	18,550①	2．資本剰余金	84,700
長期貸付金	2,000	(1) 資本準備金	74,200①
破産更生債権等	19,000①	(2) その他資本剰余金	10,500①
長期前払費用	360①	3．利益剰余金	469,470
繰延税金資産	98,140①	(1) 利益準備金	42,000①
長期性預金	84,000	(2) その他利益剰余金	427,470
貸倒引当金	△6,500	別途積立金	270,994
		繰越利益剰余金	156,476
		4．自己株式	△13,500①
		Ⅱ．評価・換算差額等	△2,600
		1．その他有価証券評価差額金	△2,600①
		純資産合計	1,051,070
資産合計	2,312,970	負債及び純資産合計	2,312,970

損益計算書

自X3年6月1日　至X4年5月31日　(単位：千円)

科目	金額	
Ⅰ 売上高		5,132,625 ①
Ⅱ 売上原価		
期首商品棚卸高	337,500	
当期商品仕入高	3,850,000 ①	
合計	4,187,500	
見本品費振替高	5,000 ①	
期末商品棚卸高	327,500 ①	
差引	3,855,000	
商品棚卸減耗損	2,500 ①	3,857,500
売上総利益		1,275,125
Ⅲ 販売費及び一般管理費		
荷造発送費	64,836	
給料手当	770,250	
租税公課	16,930 ①	
貸倒引当金繰入	2,200 ①	
減価償却費	28,198 ①	
見本品費	5,000	
賞与引当金繰入	132,500	
ソフトウェア償却	2,400	
退職給付費用	15,500	
その他の販売管理費	49,471	1,087,285
営業利益		187,840
Ⅳ 営業外収益		
受取利息配当金	6,940	
有価証券売却益	2,000	
その他の営業外収益	156	9,096
Ⅴ 営業外費用		
支払利息	13,120 ①	
有価証券評価損	1,000	
為替差損	960 ①	
その他の営業外費用	9,300	24,380
経常利益		172,556
Ⅵ 特別利益		
投資有価証券売却益	33,260 ①	33,260
Ⅶ 特別損失		
器具備品売却損	5,870	
減損損失	4,075 ①	
貸倒引当金繰入	6,500 ①	16,445
税引前当期純利益		189,371
法人税、住民税及び事業税		68,680 ①
法人税等調整額		△2,030 ①
当期純利益		122,721

問2

株主資本等変動計算書

自X3年6月1日

至X4年5月31日

（単位：千円）

	株主資本								評価・換算差額等
	資本金	資本剰余金		利益剰余金			自己株式	株主資本合計	その他有価証券評価差額金
		資本準備金	その他資本剰余金	利益準備金	その他利益剰余金				
					別途積立金	繰越利益剰余金			
当期首残高	504,000	77,200	6,000	40,000	270,994	55,755	―	953,949	△650
当期変動額									
新株の発行	9,000							9,000	
準備金から剰余金への振替		△3,000①	3,000					―	
剰余金の配当				2,000		△22,000①		△20,000	
当期純利益						122,721		122,721	
自己株式の取得							△27,000①	△27,000	
自己株式の処分			1,500				13,500	15,000	
株主資本以外の項目の当期変動額（純額）									△1,950①
当期変動額合計	9,000	△3,000	4,500	2,000	―	100,721	△13,500	99,721	△1,950
当期末残高	513,000	74,200	10,500	42,000	270,994	156,476	△13,500	1,053,670	△2,600

解 説

以下、指示のない限り単位は千円とする。

問1・問2

＜資料Ⅱ＞　決算整理の未済事項及び参考資料

1．現金及び預金

(1)　積立預金

1年基準により、投資その他の資産に長期性預金として表示する。

既積立　55,000÷5,000＝11回

残積立　36回－11回＝25回

満期日は25回積立後となるため、25ヶ月後（1年超）に到来する。

(2)　定期預金

1年基準により、投資その他の資産に長期性預金として表示する。

2．売上債権

(1)　A社からの入金の修正

販売前の商品に係る入金額は前受金として処理する。

（売　　上）13,000（前　受　金）13,000

(2)　B社未処理

売上返品時の処理が行われていないため、期末において適正に処理を行う。

（売　　上）　6,000（売　掛　金）　6,000

(3) 破産更生債権等

得意先C社は、当期において2回目の不渡りを起こし銀行取引停止処分を受けているため、同社に対する債権は破産更生債権等に該当する。

(破産更生債権等)	19,000	(受取手形)	6,400
		(売掛金)	12,600

3．貸倒引当金

(1) 貸借対照表　貸倒引当金

① 流動資産

・一般債権

(238,000(受手)+307,000(売掛))×1％=5,450

② 投資その他の資産

・破産更生債権等

19,000−12,500(担保)=6,500

(2) 損益計算書　貸倒引当金繰入

① 販売費及び一般管理費

5,450−3,250(T/B)=2,200

② 特別損失

6,500

4．有価証券

(1) 甲社株式（その他有価証券に該当）

当社は甲社の議決権の15％（=120,000株(保有株式数)÷800,000株(発行済株式数)）を所有しているが、一定の要件を満たしていないため、甲社株式は関連会社株式に該当せず、その他有価証券に分類される。

(投資有価証券)	94,000	(有価証券)	94,000
(繰延税金資産)	※1,400	(投資有価証券)	4,000
(その他有価証券評価差額金)	差額 2,600		

※　4,000×35％(実効税率)=1,400

(2) 乙社株式（売買目的有価証券に該当）

(有価証券評価損益)	※1,000	(有価証券)	1,000

※　21,000(帳簿価額)−20,000(時価)=1,000

(3) 丙社株式（子会社株式に該当）

(関係会社株式)	18,550	(有価証券)	18,550

(4) 自己株式

(自己株式)	27,000	(有価証券)	27,000
(仮受金)	15,000	(自己株式)	※13,500
		(その他資本剰余金)	差額 1,500

※　$27,000\times\frac{15,000株}{30,000株}=13,500$

5．棚卸資産

(1) 返品

返品された商品3,000個の会計処理は行われているが、商品有高帳への記帳は未処理であるため期末帳簿数量から返品した数量を控除することに留意すること。

(2) 見本品

見本品として使用したものについて一切未処理であるため、期末において適正に処理する。なお、見本品として使用した場合、仕入勘定から直接減額するのではなく、他勘定振替高（見本品費振替高）を使用して表示することに留意すること。

5,000円×1,000個=5,000

また、商品有高帳も未記帳であるため期末帳簿数量から見本品として使用した数量を控除することに留意すること。

(3) 期末商品棚卸高

5,000円×(69,500個(帳簿)−3,000個(1)−1,000個(2))

=327,500

(4) 商品棚卸減耗損

問題の指示に従い、売上原価の内訳科目として表示する。

5,000円×(69,500個(帳簿)−3,000個(1)−1,000個(2)−65,000個(実地))=2,500

(5) 商品

327,500−2,500=325,000

なお、正味売却価額（5,200円−150円）が帳簿価額（5,000円）を上回っているため商品評価損の計上は不要である。

6．貸付金

(1) 丙社

丙社は4．有価証券の資料から関係会社に該当する。解答留意事項の指示により、関係会社に対する金銭債権は他の金銭債権と区分して、また、1年基準により、流動資産に関係会社短期貸付金として表示する。

(2) 丁社

1年基準により、投資その他の資産に長期貸付金として表示する。

7．有形固定資産

(1) リース

① 取得原価の決定

（リース資産） 20,000※ （リース債務） 20,000

※(イ) 見積現金購入価額 20,000

(ロ) リース料総額の現在価値 20,515

(ハ) (イ)<(ロ) ∴20,000

② 利息の算定

（支払利息） 1,000※ （支払リース料） 6,000

（リース債務） 5,000（差額）

※ （24,000（リース料総額） − 20,000（元本相当額））× $\frac{12ヶ月}{4年×12ヶ月}$ ＝1,000

③ 減価償却

（減価償却費） 5,000※ （リース資産減価償却累計額） 5,000

※ 20,000× $\frac{1年}{4年}$ ＝5,000

④ リース債務

流動負債 リース債務 5,000

固定負債 リース債務 20,000（①）−5,000（②）−5,000（流動）＝10,000

(2) 減損処理

（減損損失） 4,075※1 （建物） 3,075※2

（器具備品） 1,000※3

※1① 認識

32,600（帳簿価額）> 29,600（割引前将来CF） ∴減損処理あり

② 測定

32,600− 28,525（回収可能価額） ＝4,075

※2 4,075× $\frac{24,600}{32,600}$ ＝3,075

※3 4,075× $\frac{8,000}{32,600}$ ＝1,000

8．ソフトウェア

（ソフトウェア） 24,000 （仮払金） 24,000

（ソフトウェア償却） 2,400※ （ソフトウェア） 2,400

※ 24,000× $\frac{6ヶ月}{5年×12ヶ月}$ ＝2,400

9．買掛金

問題文からY社は関係会社（親会社）に該当し、解答留意事項の指示により、関係会社に対する金銭債務は他の金銭債務と区分して、流動負債に関係会社買掛金として表示する。また、同社から行った商品仕入に関して、未処理のものがあるため期末において適正に処理を行う。

（仕入） 8,000 （買掛金） 8,000

10．借入金

(1) 外貨建短期借入金

（為替差損益） 960※ （借入金） 960

※ 29,280÷122円（借入日の直物レート）＝240千ドル

240千ドル×126円（決算日の直物レート）＝30,240

30,240−29,280＝960

(2) 分割返済

20,000※÷8ヶ月＝2,500（均等返済額）

※ 110,000（借入額）− 90,000（期末未返済額） ＝ 20,000（期中返済額）

短期借入金 2,500×12ヶ月＝30,000

長期借入金 90,000−30,000＝60,000

(3) X3年6月1日借入分

1年基準により、固定負債に長期借入金として表示する。また、仮払金に計上されている保証料600のうち、当期に帰属する分を営業外費用の支払利息に、残りは1年基準により前払費用及び長期前払費用として表示する。なお、保証料とは企業が資金を借入れる際に、保証会社に支払う保証料である。

（支払利息） 120※1 （仮払金） 600

（前払費用） 480※2

※1　当期帰属分　$600 \times \frac{1年}{5年} = 120$

※2　翌期以降帰属分

前払費用　$(600-120) \times \frac{1年}{5年-1年}$

$= 120$

長期前払費用　$600-120-120=360$

(4) 残額は1年基準により、流動負債に短期借入金として表示する。

11. 従業員賞与

賞与引当金

(賞与引当金繰入)	132,500[※]	(賞与引当金)	132,500

※　$159,000 \times \frac{5ヶ月}{6ヶ月} = 132,500$

12. 純資産

(1) 剰余金の配当

(繰越利益剰余金)	22,000	(仮払金)	20,000
		(利益準備金)	2,000[※]

※①　504,000(資本金) × $\frac{1}{4}$ − (77,200(資本準備金既積立額)

+ 40,000(利益準備金既積立額)) = 8,800

②　20,000(剰余金の配当) × $\frac{1}{10}$ = 2,000

③　①＞②　∴2,000

(2) 準備金の減少

(資本準備金)	3,000	(その他資本剰余金)	3,000

(3) 増資

(仮受金)	9,000	(資本金)	9,000

13. 諸税金

(1) 法人税等

(仮払法人税等)	45,210	(租税公課)	45,210[※1]
(租税公課)	4,270[※2]	(仮払法人税等)	45,210
(法人税等)	68,680[※3]	(未払法人税等)	27,740[差額]

※1　35,320(法住中間) + 9,890(事業中間) = 45,210

※2　15,960(事業年税) − 11,690(事業年税(所得)) = 4,270

※3　56,990(法住年税) + 11,690(事業年税(所得)) = 68,680

(2) 消費税等

(仮受消費税等)	512,660	(仮払消費税等)	495,070
		(未払消費税等)	17,590[※]

※　29,300(確定年税額) − 11,710(中間納付額) = 17,590

14. 税効果会計

(1) 繰延税金資産

276,400 × 35%(実効税率) = 96,740

96,740 + 1,400(4甲株) = 98,140

(2) 法人税等調整額

94,710(T/B) − 96,740(当期末) = △2,030（貸方残）

なお、全部純資産直入法を採用しているため、法人税等調整額の計算上、「その他有価証券の評価差額」については考慮しないことに留意する。

15. その他

(1) 有価証券売却益

業務上の関係を有する会社の株式（当社が議決権の10%を所有）はその他有価証券に該当する。当該株式の売却益は臨時的な損益であり、特別利益に投資有価証券売却益として表示する。

なお、売買目的有価証券の売却益は営業外収益に有価証券売却益として表示する。

(2) 前払費用

(前払保険料)	1,400	(その他の販売管理費)	1,400

仮計算

B/S（X3. 6. 1～X4. 5.31）→X5. 5.31　（千円）

現　預　359,716△[1長預]55,000△[1長預]29,000
受[1%]手　244,400△[2]6,400
売[1%]掛　325,600△[2]6,000△[2]12,600
有　証　[4乙株]20,000
商　品　[5]325,000
~~短　貸　5,800△[6]3,800△[6]2,000~~
~~仮払金　44,600△[8]24,000△[10]600△[12]20,000~~
~~仮払消　[13]495,070~~
関短貸　[6]3,800
前　費　[10]120+[15]1,400
貸引　[3]5,450

建　物　351,075△[7]3,075
減累　81,546
車　運　31,662
減累　24,852
器　備　81,000△[7]1,000
減累　55,982
土　地　507,952
リ　資　[7]20,000
減累　[7]5,000

ソフト　[8]24,000△[8]2,400

繰税資　~~94,710~~　[4甲株]1,400+[14]96,740
長　預　[1]55,000+[1]29,000
破　産　[2]6,400+[2]12,600
（担保　[2]12,500）
投　有　[4甲株]90,000
関　株　[4丙株]18,550
長　貸　[6]2,000
長前費　[10]360
貸引　[3]6,500

支　手　188,798
買　掛　289,641△[9]66,325
短　借　161,480+[10]960△[10]60,000△[10]38,200
未払金　82,891
~~仮受金　24,000△[4]15,000△[12]9,000~~
~~仮受消　[13]512,660~~
預り金　12,500
前受金　[2]13,000
リ　債　[7]5,000
関買掛　[9]66,325+[9]8,000
賞　引　[11]132,500
未　法　[13]72,950△[13]45,210
未　消　[13]17,590

退　引　311,800
リ　債　[7]20,000△[7]5,000△[7]5,000
長　借　[10]60,000+[10]38,200

資　本　504,000+[12]9,000
資　準　77,200△[12]3,000
そ　資　6,000+[4]1,500+[12]3,000
利　準　40,000+[12]2,000
別　積　270,994
自　株　[4]27,000△[4]13,500
そ評差　[4甲株]△2,600

貸　引　3,250

P/L（X3. 6 . 1～X4. 5 .31）　（千円）

借方	貸方
期　首　337,500	売　上　5,151,625△13,000[2]△6,000[2]
当　期　3,842,000＋8,000[9]	
見本振　5,000[5]	
期　末　327,500[5]	
商棚減　2,500[5]	
荷　発　64,836	受利配　6,940
給　手　770,250	有売益　35,260△33,260[15]
租　公　57,870△45,210[13]＋4,270[13]	その他　156
減　費　23,198＋5,000[7]	投売益　33,260[15]
~~支払り　6,000△6,000~~[7]	法住事　68,680[13]
退　費　15,500	法　調　△2,030[14]
貸　繰　2,200[3]	
見　費　5,000[5]	
ソ　償　2,400[8]	
賞　繰　132,500[11]	
その他　50,871△1,400[15]	
支　利　12,000＋1,000[7]＋120[10]	
有評損　1,000[4乙株]	
為　損　960[10]	
その他　9,300	
器売損　5,870	
貸　繰　6,500[3]	
減　損　4,075[7]	

第7回 解答・解説

解答

貸借対照表

株式会社シナガワ　　X4年3月31日現在　　(単位：千円)

資産の部		負債の部	
科目	金額	科目	金額
流動資産	(32,823)	流動負債	(18,626)
現金及び預金	7,813 ①	支払手形	1,840
受取手形	7,250 ①	買掛金	3,650 ①
売掛金	8,500	短期借入金	4,600 ①
有価証券	2,680 ①	リース債務	566 ①
商品	4,850 ①	未払金	1,850 ①
短期貸付金	2,000	未払費用	860 ①
貸倒引当金	△270 ①	未払法人税等	1,600 ①
固定資産	(120,191)	未払消費税等	1,100
有形固定資産	(104,843)	前受金	1,200
建物	43,650 ①	預り金	860
車両運搬具	8,500	賞与引当金	500
備品	16,000 ①	固定負債	(13,937)
土地	49,127	社債	1,972 ①
リース資産	1,698 ①	長期借入金	1,200 ①
建設仮勘定	3,760	リース債務	582 ①
減価償却累計額	△17,892 ①	退職給付引当金	8,500
投資その他の資産	(15,348)	資産除去債務	1,683 ①
投資有価証券	4,968 ①	負債合計	32,563
関係会社株式	6,000 ①	純資産の部	
繰延税金資産	3,780 ①	株主資本	(120,646)
ゴルフ会員権	800 ①	資本金	100,000
貸倒引当金	△200	資本剰余金	(1,600)
		資本準備金	600
		その他資本剰余金	1,000
		利益剰余金	(19,046)
		利益準備金	7,620 ①
		その他利益剰余金	(11,426)
		別途積立金	5,482
		繰越利益剰余金	5,944
		評価・換算差額等	(△195)
		その他有価証券評価差額金	△195 ①
		純資産合計	120,451
資産合計	153,014	負債・純資産合計	153,014

損益計算書

株式会社シナガワ　自X3年4月1日 至X4年3月31日　(単位：千円)

科目	金額	
売上高		84,472①
売上原価		
期首商品棚卸高	4,800	
当期商品仕入高	56,150	
合計	60,950	
期末商品棚卸高	5,000①	
差引	55,950	
商品評価損	70①	56,020
売上総利益		28,452
販売費及び一般管理費		
給料手当	9,750①	
広告宣伝費	411	
租税公課	670①	
商品棚卸減耗損	80①	
減価償却費	6,303①	
利息費用	33①	
貸倒引当金繰入	250①	
賞与引当金繰入	500①	
退職給付費用	1,000①	
雑費	524	19,521
営業利益		8,931
営業外収益		
受取利息	418	
受取配当金	900	
有価証券利息	36①	
有価証券売却益	190①	
有価証券評価益	160①	
為替差益	30①	
雑収入	266	2,000
営業外費用		
支払利息	250①	
社債利息	12①	
雑損失	530	792
経常利益		10,139
特別利益		
国庫補助金収入	5,000①	
投資有価証券売却益	50①	5,050
特別損失		
車両運搬具売却損	485①	
備品圧縮損	5,000	
投資有価証券評価損	2,000①	
ゴルフ会員権評価損	1,200①	
貸倒引当金繰入	200①	8,885
税引前当期純利益		6,304
法人税、住民税及び事業税	2,410①	
法人税等調整額	△210①	2,200
当期純利益		4,104

解　説

以下、指示のない限り単位は千円とする。

<資料1>

残高試算表の売上値引を売上高から直接控除する。

<資料2>

1．現金預金

(1) 未取付小切手については、当社の処理は不要である。

(2) 外貨預金

（現 金 預 金）　50　（為替差損益）　50※

※　10,000ドル×110円－1,050＝50

2．受取手形

（仮　受　金）　2,000　（受 取 手 形）　2,000

3．貸倒引当金

(1) 貸借対照表　貸倒引当金

① 流動資産

・一般債権（受取手形・売掛金）

（7,250（受手）＋8,500（売掛）－1,250（懸念））×1％＝145

・貸倒懸念債権

（1,250－1,000（保証））×50％＝125

・合計

145＋125＝270

② 投資その他の資産

・ゴルフ会員権

800（預託保証金）　－　600（期末時価）　＝200

(2) 損益計算書　貸倒引当金繰入

① 販売費及び一般管理費

145（一般）－ 20（T/B）＋125（懸念）＝250

② 特別損失

200（ゴルフ）

4．ゴルフ会員権

投資その他の資産にゴルフ会員権として表示する。

ゴルフ会員権は原則として取得原価で評価するが、当該ゴルフ会員権は時価の著しい下落が生じており、回復の見込がないため、減損処理を行う。評価に当たって、当該ゴルフ会員権は預託保証金形式のものであるため、預託保証金の額を上回る部分は直接評価損を計上し、期末時価が預託保証金を下回る部分については貸倒引当金を設定する。なお、ゴルフ会員権評価損及び貸倒引当金繰入は特別損失に表示する（貸倒引当金については解説3．参照）。

（ゴルフ会員権評価損）　1,200※　（ゴルフ会員権）　1,200

※　2,000（取得原価）－　800（預託保証金）　＝1,200

5．有価証券

(1) A社株式（子会社株式に該当）

（関係会社株式）　6,000　（有 価 証 券）　6,000

(2) B社株式（売買目的有価証券に該当）

（有 価 証 券）　160　（有価証券評価損益）　160※

※　2,680（時価）－2,520（簿価）＝ 160（評価益）

(3) C社株式（その他有価証券に該当）

C社株式の実質価額が著しく低下しているため減損処理を行う。

（投資有価証券）　1,600　（有 価 証 券）　3,600

（投資有価証券評価損）　2,000（差額）

(4) D社株式（その他有価証券に該当）

（投資有価証券）　2,700　（有 価 証 券）　3,000

（繰延税金資産）　105※

（その他有価証券評価差額金）　195（差額）

※　（3,000－2,700）×35％＝105

(5) E社社債（満期保有目的の債券に該当）

（投資有価証券）　660　（有 価 証 券）　660

償却原価法

（投資有価証券）　8　（有価証券利息）　8※

※　$(700-660)\times\frac{12ヶ月}{12ヶ月\times 5年}=8$

(6) 有価証券売却益

H社株式は業務提携の目的で保有していたものであるため、当該売却益は特別利益に投資有価証券売却益として表示する。

6．商品

(1) A商品

① 損益計算書

期末商品棚卸高 3,500

商品棚卸減耗損 80

商品評価損 70

② 貸借対照表

商品 3,350

(2) B商品

仕入の会計処理が未済であるため適正に処理を行う。

(仕入) 50 (買掛金) 50

① 損益計算書

期末商品棚卸高 1,500

② 貸借対照表

商品 1,500

7．有形固定資産

(1) 建物（従来分）

(減価償却費) 495※ (減価償却累計額) 495

※ (42,000－20,000)×0.9×0.025＝495

(2) 営業所建物（当期取得分）

① 営業所建物の減価償却

(減価償却費) 680※ (減価償却累計額) 680

※ 20,000×0.034＝680

② 資産除去債務の計上

(建物) 1,650 (資産除去債務) 1,650※

※ 3,000×0.55＝1,650

③ 除去費用の資産計上分に関する減価償却

(減価償却費) 56※ (減価償却累計額) 56

※ 1,650×0.034＝56（千円未満切捨）

④ 利息費用の計上

(利息費用) 33※ (資産除去債務) 33

※ 1,650×2％＝33

(3) 車両運搬具

① 買換分

<正しい仕訳>

(減価償却累計額) 875 (車両運搬具) 2,000

(減価償却費) 140※1 (未払金) 1,000

(車両運搬具売却損) 485

(車両運搬具) 1,500

(減価償却費) 187※2 (減価償却累計額) 187

※1 $(2{,}000-875)\times 0.250\times\frac{6ヶ月}{12ヶ月}=140$ （千円未満切捨）

※2 $1{,}500\times 0.250\times\frac{6ヶ月}{12ヶ月}=187$ （千円未満切捨）

<修正仕訳>

(減価償却費) 140 (車両運搬具売却損) 140

(買掛金) 1,000 (未払金) 1,000

(減価償却費) 187 (減価償却累計額) 187

② 従来分

(減価償却費) 554※ (減価償却累計額) 554

※ {(8,500－1,500(新車両))－4,784}×0.250＝554

(4) 備品（従来分）

(減価償却費) 1,125※ (減価償却累計額) 1,125

※ {(21,000－15,000)－1,500}×0.250 ＝1,125

(5) 備品（当期取得分）

① 国庫補助金の交付

(仮受金) 5,000 (国庫補助金収入) 5,000

② 圧縮記帳の会計処理

(備品圧縮損) 5,000 (備品) 5,000

③ 減価償却

(減価償却費) 2,500※ (減価償却累計額) 2,500

※ (15,000－5,000)×0.25＝2,500

(6) リース

① 取得原価の決定

（リース資産） 1,698※ （リース債務） 1,698

※(イ) 見積現金購入価額 1,730

(ロ) リース料総額の現在価値 1,698

(ハ) (イ)＞(ロ) ∴1,698

② リース料の支払い

（支払利息） 50※ （仮払金） 600

（リース債務） 550（差額）

※ 1,698×3％＝50（千円未満切捨）

流動負債 リース債務

(1,698－550)×3％＝34（千円未満切捨）

600－34＝566

固定負債 リース債務

1,698－550－566＝582

③ 減価償却

（減価償却費） 566※ （減価償却累計額） 566

※ $1,698 \times \frac{1年}{3年} = 566$

8．借入金

(1) 外貨建借入金（米国F社）

（為替差損益） 20※ （借入金） 20

※ 20,000ドル×110円－2,180＝20

返済期日が貸借対照表日の翌日から起算して1年以内に到来するため、流動負債に短期借入金として表示する。

(2) 分割返済借入金（Ⅰ銀行）

・1年以内に返済する金額

短期借入金 200×12ヶ月＝2,400

・1年を超えて返済する金額

長期借入金 3,600－2,400＝1,200

9．賞与引当金

（賞与引当金繰入） 500 （賞与引当金） 500

10．退職給付引当金

（退職給付費用） 1,000※1 （退職給付引当金） 1,000

※1 880（勤務費用）＋150（利息費用（※2））－30（期待運用収益（※3））＝1,000

※2 10,000（期首退職給付債務）×1.5％（割引率）＝150

※3 1,500（期首年金資産公正評価額）×2％（長期期待運用収益率）＝30

11．給料手当

（給料手当） 850 （未払給料手当） 850

締切後の未払額は未払給料手当として見越計上し、流動負債に未払費用として表示する。

12．社債

（仮受金） 1,970 （社債） 1,970

償却原価法

（社債利息） 2※ （社債） 2

※ $(2{,}000_{額面金額} - 1{,}970_{発行価額}) \times \frac{4ヶ月}{5年 \times 12ヶ月} = 2$

経過利息

（社債利息） 10※ （未払社債利息） 10

※ $2{,}000_{額面金額} \times 1.5\% \times \frac{4ヶ月}{12ヶ月} = 10$

13．法人税等

（仮払法人税等） 960 （仮払金） 960※1

（租税公課） 150※2 （仮払法人税等） 960

（法人税等） 2,410※3 （未払法人税等） 1,600（差額）

※1 750（法住中間）＋210（事中間）＝960

※2 610（事年税）－460（事年税（所得））＝150

※3 1,950（法住年税）＋460（事年税（所得））＝2,410

14．税効果会計

(1) 貸借対照表

・投資その他の資産 繰延税金資産

10,500×35％＝3,675

3,675＋105（D株）＝3,780

(2) 損益計算書

・法人税等調整額

3,465（T/B）－3,675（当期末）＝△210（貸方残）

その他有価証券の評価差額の処理は全部純資産直入法であるため、法人税等調整額の算定上考慮しないことに留意すること。

15. 剰余金の処分

（繰越利益剰余金）　120　（利益準備金）　120※

※①　$\overset{\text{資本金}}{100,000}\times\frac{1}{4}-(\overset{\text{資本準備金}}{600}+\overset{\text{利益準備金}}{7,500})$

$=16,900$

②　$\overset{\text{配当金}}{1,200}\times\frac{1}{10}=120$

③　①>②　∴120

支払った配当金は適正に処理されており、これに係る未処理分の利益準備金の積立てのみ処理する。

仮計算

B/S

(X3. 4 . 1～X4. 3 .31) →X5. 3 .31　　(千円)

借方	貸方
現預　7,763+[1]50	支手　1,840
受[1%]手　9,250△[2]2,000	買掛　4,600+[6B]50△[7]1,000
売[1%]掛　8,500	短借　5,780+[8]20△[8]1,200
([50%]懸念[3]1,250　保証[3]1,000)	未払金　850+[7]1,000
有証　[5B株]2,680	前受金　1,200
商品　[6A]3,350+[6B]1,500	預り金　860
短貸　2,000	未消　1,100
~~仮払金　1,560△[7]600△[13]960~~	~~仮受金　8,970△[2]2,000△[7]5,000△[12]1,970~~
貸引　[3]145+[3]125	リ債　[7]566
建物　42,000+[7]1,650	賞引　[9]500
減累　[7]5,445+[7]495+[7]680+[7]56	未費　[11]850+[12]10
車運　8,500	未法　[13]2,560△[13]960
減累　[7]4,784+[7]187+[7]554	退引　7,500+[10]1,000
備品　21,000△[7]5,000	資除　[7]1,650+[7]33
減累　[7]1,500+[7]1,125+[7]2,500	リ債　[7]1,698△[7]550△[7]566
土地　49,127	長借　[8]1,200
リ資　[7]1,698	社債　[12]1,970+[12]2
減累　[7]566	資本　100,000
建仮　3,760	資準　600
ゴル会　2,000△[4]1,200	そ資　1,000
繰税資　~~[14]3,465~~　[5D株]105 +[14]3,675	利準　7,500+[15]120
関株　[5A株]6,000	別積　5,482
投有　[5C株]1,600+[5D株]2,700+[5E社]668	そ評差　△[5D株]195
貸引　[3]200	貸引　20

P/L

(X3. 4. 1～X4. 3. 31)　　　　(千円)

借方	貸方
期首　4,800	売上　84,672△[T/B値引]200
当期　56,100＋[6B]50	
期末　[6A]3,500＋[6B]1,500	
商評損　[6A]70	
給料　8,900＋[11]850	受利　418
広宣　411	受配　900
租公　520＋[13]150	有利　28＋[5E社]8
貸繰　[3]125＋[3]125	有売益　240△[5H株]50
商棚減　[6A]80	為益　[1]50△[為損]20
減費　[7建物]495 ＋ [7建物]680 ＋ [7建物]56 ＋ [7車両]140 ＋ [7車両]187 ＋ [7車両]554 ＋[7備品]1,125＋[7備品]2,500＋[7リース]566	有評益　[5B株]160
利費　[7]33	雑収　266
賞繰　[9]500	投売益　[5H株]50
退費　[10]1,000	国補収　[7]5,000
雑費　524	
支利　200＋[7]50	
~~為損　[8]20~~	
社利　[12]2＋[12]10	法住事　[13]2,410
	法調　[14]△210
雑損　530	
車売損　625△[7]140	
ゴ評損　[4]1,200	
貸繰　[3]200	
投評損　[5C株]2,000	
備圧損　[7]5,000	

第8回 解答・解説

解 答

（問１）

株式会社坂田商事（第18期）の貸借対照表及び損益計算書

貸　借　対　照　表

X4年３月31日現在　（単位：千円）

資産の部		負債の部	
科　目	金　額	科　目	金　額
Ⅰ流動資産	（ 924,367）	Ⅰ流動負債	（ 450,413）
現金預金	179,575①	支払手形	143,365
受取手形	272,110①	買掛金	126,765①
売掛金	331,040①	短期借入金	52,925①
商品	125,350①	未払金	36,000①
前払費用	1,355	未払費用	1,290①
短期貸付金	27,000	未払法人税等	20,200①
貸倒引当金	△12,063①	未払消費税等	27,468①
Ⅱ固定資産	（ 722,434）	賞与引当金	40,000①
1有形固定資産	（ 522,859）	営業外支払手形	2,400①
建物	381,455①	Ⅱ固定負債	（ 252,980）
車両運搬具	31,250	長期借入金	134,000①
器具備品	24,883①	退職給付引当金	115,380①
土地	85,271①	長期預り金	3,000
2無形固定資産	（ 59,500）	長期営業外支払手形	600①
借地権	59,500	負債合計	703,393
3投資その他の資産	（ 140,075）	純資産の部	
投資有価証券	26,560①	Ⅰ株主資本	（ 942,303）
関係会社株式	12,880①	1資本金	275,000
破産更生債権等	10,218①	2資本剰余金	（ 56,000）
繰延税金資産	62,903①	(1)資本準備金	52,000①
長期性預金	25,000①	(2)その他資本剰余金	4,000①
その他の投資等	9,732	3利益剰余金	（ 624,303）
貸倒引当金	△7,218①	(1)利益準備金	16,750
		(2)その他利益剰余金	（ 607,553）
		別途積立金	492,040
		繰越利益剰余金	115,513
		4自己株式	△13,000①
		Ⅱ評価・換算差額等	（ 1,105）
		1その他有価証券評価差額金	1,105①
		純資産合計	943,408
資産合計	1,646,801	負債及び純資産合計	1,646,801

損　益　計　算　書

自X3年4月1日
至X4年3月31日

(単位：千円)

科　目	金　額	
Ⅰ 売上高		1,886,700
Ⅱ 売上原価		1,234,450①
売上総利益		652,250
Ⅲ 販売費及び一般管理費		485,820①
営業利益		166,430
Ⅳ 営業外収益		
受取利息配当金	2,100	
有価証券利息	1,000	
有価証券売却益	6,650	
雑収入	3,550	13,300
Ⅴ 営業外費用		
支払利息	2,675①	
支払手数料	120①	
雑損失	5,430①	8,225
経常利益		171,505
Ⅵ 特別損失		
貸倒損失	6,615①	
減損損失	49,955①	
投資有価証券評価損	2,860①	
貸倒引当金繰入	4,743①	
建物除却損	4,687	68,860
税引前当期純利益		102,645
法人税、住民税及び事業税	39,238①	
法人税、住民税及び事業税還付税額	△1,250①	
法人税等調整額	△2,843①	35,145
当期純利益		67,500

（問２）

株式会社坂田商事（第18期）の個別注記表（一部抜粋）

＜貸借対照表等に関する注記＞

①	投資有価証券のうち14,700千円は、Ｊ社に対する短期借入金4,000千円の担保に供されている。①
②	有形固定資産の減価償却累計額は321,939千円である。 ①
③	Ｉ社の借入金20,000千円に対し債務保証を行っている。 ①
④	取締役に対する金銭債務は10,000千円である。 ①

（問３）

イ	ロ	ハ	ニ	ホ
⑲	⑨	③	②	⑪
ヘ	ト	チ	リ	ヌ
①	⑩	⑯	⑬	⑦

イとヘ、ロとト、ハとチ、ニとリ、ホとヌ　それぞれで各①×５

解 説

（特に指示がない限り単位は千円とする。）

1．現金預金

(1) 水道光熱費の引き落とし

（水道光熱費）	300	（現 金 預 金）	300

A銀行における当座借越7,925（適正額）については、現金預金に加算するとともに流動負債に短期借入金として表示する。

(2) 未渡小切手

（現 金 預 金）	1,500	（未 払 金）	1,500

(3)① A銀行に対する定期預金

満期日が1年を超えて到来するため、投資その他の資産に長期性預金として表示する。

② B銀行に対する積立預金

既積立　81,000÷1,500＝54ヶ月

残積立　5年(60ヶ月)－54ヶ月＝6ヶ月

満期日が1年以内に到来するため、流動資産に現金預金として表示する。

2．貸倒引当金等

(1) C社

（破産更生債権等）	7,950	（受 取 手 形）	5,240
		（売 掛 金）	2,710

(2) D社

（貸倒引当金）	9,450	（売 掛 金）	18,900
（貸 倒 損 失）	※1 6,615		
（仮 受 金）	567		
（破産更生債権等）	※2 2,268		

※1　18,900×85%－9,450＝6,615

※2　18,900×15%－567＝2,268

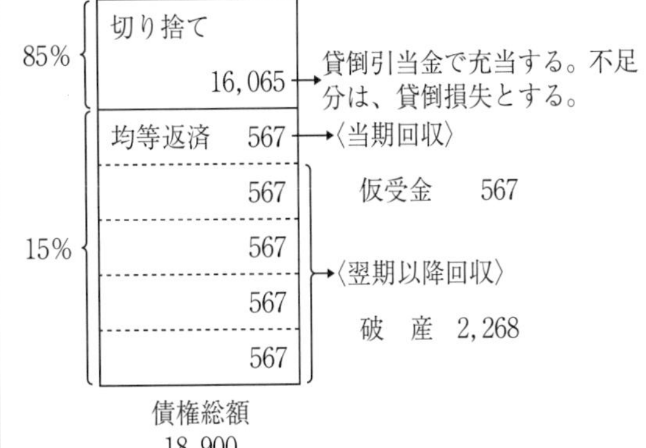

D社に対する破産更生債権等は問題の指示により全額を投資その他の資産に計上する。

(3) 貸倒引当金

① 貸借対照表

・流動資産（一般債権）

（受手 272,110＋売掛 331,040）×2%＝12,063

・投資その他の資産（破産更生債権等）

(7,950－3,000)＋2,268＝7,218

② 損益計算書

・販売費及び一般管理費（一般債権）

12,063－T/B 10,063＝2,000

・特別損失（破産更生債権等）

(7,950－3,000)－前期C社 2,475＋2,268＝4,743

3．有価証券

(1) G社株式（その他有価証券に該当）

（投資有価証券）	8,260	（有 価 証 券）	8,260

1株当たりの純資産額に株数を乗じた金額※が取得原価より50%以上下落していないため、減損処理は行わない。なお、G社株式は非上場株式であるため、取得原価をもって貸借対照表価額とする。

※　24,000円×295株＝7,080

(2) H社株式（その他有価証券に該当）

（投資有価証券）	13,000	（有 価 証 券）	13,000
（投資有価証券）	※1 1,700	（繰延税金負債）	※2 595
		（その他有価証券評価差額金）	差額 1,105

※1　294円×50,000株＝14,700

14,700－13,000＝1,700

※2　1,700×35％＝595

H社株式はJ社に対する短期借入金の担保に供されており、担保に供されている資産及び担保に係る債務について、貸借対照表等に関する注記として記載する。

(3)　I社株式（子会社株式に該当）

（関係会社株式）	12,880	（有価証券）	12,880

1株当たりの純資産額に株数を乗じた金額※が取得原価より50％以上下落していないため、減損処理は行わない。

※　45,000円×322株＝14,490

(4)　X社株式（その他有価証券に該当）

（投資有価証券）	6,460	（有価証券）	6,460
（投資有価証券評価損）	※2,860	（投資有価証券）	2,860

※　6,460－3,600＝2,860

X社株式の時価を決算期末日の為替レートで換算した金額は取得原価と比較した場合50％以上の下落とはならないが、著しく下落したかどうかは外貨建ての時価（30USドル）と外貨建ての取得原価（68USドル）を比較して判断する。よって、50％以上下落しているため、減損処理を行う。

1,000株×［68USドル］×95円/USドル＝6,460

↓50％以上下落している　　　円換算した金額で判断しない

1,000株×［30USドル］×120円/USドル＝3,600

減損処理する

4．自己株式

（その他資本剰余金）	39,000	（自己株式）	※39,000
（支払手数料）	120	（雑損失）	120

※　$\overset{\text{T/B自株}}{52,000}\times\dfrac{75\text{千株}}{100\text{千株}}=39,000$

自己株式を消却した場合には、消却した自己株式の帳簿価額に相当する額をその他資本剰余金から減額する。

5．棚卸資産

・T商品

①　器具備品振替分

（器具備品）	1,500	（仕入）	1,500

器具備品として自家消費している分については、器具備品振替高として、売上原価の内訳表示となり、器具備品に振り替える。

②　仕入返品

（買掛金）	770	（仕入）	※700
		（仮払消費税等）	70

※　$\overset{\text{差額}}{2,200}-\overset{\text{器具備品振替分}}{1,500}=700$

仕入返品に伴う仕入取引の取消処理を行う。ただし、消費税等についても考慮すること。

③　期末商品棚卸高及び商品

125,350※

※　127,550－1,500－700＝125,350

6．有形固定資産

(1)　減価償却累計額

6.(1)②の資料と答案用紙の記入済事項から、減価償却累計額の表示は一括注記方式ということが分かる。そのため、貸借対照表等に関する注記として記載する。

(2)　建物附属設備

（建物附属設備）	8,000	（仮払金）	8,000
（減価償却費）	※675	（建物附属設備減価償却累計額）	675

※　$8,000\times0.9\times0.125\times\dfrac{9ヶ月}{12ヶ月}=675$

建物附属設備については、有形固定資産に建物として表示する。

(3)　倉庫

会社仕訳

（建設仮勘定）	2,000	（現金預金）	2,000
（建物）	3,000	（支払手形）	3,000

適正仕訳

(建設仮勘定)	2,000	(現金預金)	2,000
(建物)	5,000	(建設仮勘定)	2,000
		(営業外支払手形)	3,000※

修正仕訳

(建物)	2,000	(建設仮勘定)	2,000
(支払手形)	3,000	(営業外支払手形)	3,000

※　5枚のうち1年以内に満期をむかえる手形は4枚である。

∴3,000÷5枚=600

600×4枚=2,400（1年以内）

3,000−2,400=600（1年超）

支払手形については、営業外支払手形として表示するが、5枚のうち1枚は1年を超えて満期が到来するため、固定負債に長期営業外支払手形（600）として表示する。

(減価償却費)	63※	(建物減価償却累計額)	63

※　$5,000 \times 0.9 \times 0.042 \times \frac{4ヶ月}{12ヶ月} = 63$

(4)　器具備品

・T商品振替分

(減価償却費)	164※	(器具備品減価償却累計額)	164

※　$1,500 \times 0.438 \times \frac{3ヶ月}{12ヶ月} = 164$

（千円未満切捨）

(5)　減損損失

割引前の将来キャッシュ・フローの総額（2,500×10年+5,000=30,000）がU事業部に係る資産グループの帳簿価額（30,000+30,000+15,000=75,000）を下回るため減損損失を認識する。

回収可能価額の算定において、使用価値※の金額が与えられていないため、年金現価係数及び現価係数を使用して算定する。

※　2,500（各年度）×8.530+5,000（処分）×0.744=25,045

(減損損失)	49,955※1	(土地)	19,982※3
		(建物)	19,982※4
		(器具備品)	9,991※5

※1(ア)　U事業部に係る資産グループの帳簿価額　75,000

(イ)　回収可能価額　25,045※2

(ウ)　(ア)−(イ)=49,955

※2(ア)　正味売却価額　25,000

(イ)　使用価値　25,045

(ウ)　(ア)<(イ)　∴25,045

※3　$49,955 \times \frac{30,000}{75,000} = 19,982$

※4　$49,955 \times \frac{30,000}{75,000} = 19,982$

※5　$49,955 \times \frac{15,000}{75,000} = 9,991$

7．借入金

(1)　分割返済の借入金は1年基準により表示する。

短期借入金　36,000※1

長期借入金　126,000※2

※1　$180,000 \times \frac{2回（X4.4.1～X5.3.31）}{10回（X3.9.1～X8.7.31）}$

=36,000

※2　$180,000 \times \frac{7回（X5.4.1～X8.7.31）}{10回（X3.9.1～X8.7.31）}$

=126,000

経過利息（X4.2.1～X4.3.31）の会計処理の未済分を処理する。

(支払利息)	540※	(未払利息)	540

※　$162,000 \times 2.0\% \times \frac{2ヶ月}{12ヶ月} = 540$

(2)　取締役O氏からの借入金

1年基準により表示する。

短期借入金　2,000

長期借入金　8,000

取締役に対する金銭債務は総額をもって貸借対照表等に関する注記として記載する。

(3)　残額

借入金の残額（179,000−162,000−10,000=7,000）は短期借入金として表示する。

8．従業員賞与

(賞与引当金繰入)	40,000	(賞与引当金)	40,000

なお、税効果会計については解説11.参照。

9．退職給付引当金

(1) 期首退職給付費用の設定仕訳

（退職給付費用） 27,380※ （退職給付引当金） 27,380

※ 25,280（勤務費用）＋5,400（利息費用）△ 4,000（期待運用収益）
＋ 700（数理計算上の差異費用処理額） ＝27,380

利息費用 300,000×1.8％＝5,400

期待運用収益 200,000×２％＝4,000

数理計算上の差異費用処理額

$7,000\times\frac{1年}{10年}=700$

(2) 期中退職一時金支払時の修正仕訳

（退職給付引当金） 3,000 （仮払金） 3,000

(3) 期中年金掛金拠出時の修正仕訳

（退職給付引当金） 2,000 （仮払金） 2,000

(4) 期中年金からの給付時の仕訳

仕訳なし

当期において数理計算上の差異が新たに発生しているが問題の指示により発生年度の翌期から費用処理することに留意する。

なお、税効果会計については解説11.参照。

10．諸税金

(1) 法人税及び住民税の中間納付額並びに法人税等還付税額

（仮払法人税等） 16,097 （法人税等） 14,847
（法人税等還付税額） 1,250

(2) 法人税、住民税及び事業税

（租税公課） 1,889 （仮払法人税等） 16,097
（法人税等） 39,238※1 （販売費及び一般管理費） 4,830※2
（未払法人税等） 20,200（差額）

※1 31,772（法人・住民）＋9,355（事業）－ 1,889（付加価値・資本割） ＝39,238

※2 620（源泉税） ＋ 4,210（事業中間） ＝4,830

(3) 消費税等

（仮払消費税等） 6,720 （販売費及び一般管理費） 6,720
（仮受消費税等） 188,670 （仮払消費税等） 161,202※
（未払消費税等） 27,468（差額）

※ 154,552（T/B）－ 70（5.T商品） ＋6,720（中間）＝161,202

11．税効果会計

(1) 税効果会計については、個別に資料が与えられているため、それぞれ一時差異を算定し繰延税金資産と繰延税金負債を算定する。

① 賞与引当金（解説８．参照）

40,000×35％＝14,000

② 退職給付引当金（解説９．参照）

115,380×35％＝40,383

③ その他の項目（問題文記載）

26,045×35％＝9,115（千円未満切捨）

④ その他有価証券の評価差額（解説３．参照）

繰延税金負債 595

⑤ 繰延税金資産の純額

①＋②＋③－④＝62,903

(2) 法人税等調整額

法人税等調整額は、当期末の繰延税金資産と前期末の繰延税金資産の差額であるため上記(1)の繰延税金資産と残高試算表の繰延税金資産の差額により算定する。なお、その他有価証券の評価差額については全部純資産直入法を採用しているため、考慮しないことに留意する。

60,655（前期末※1） － 63,498（当期末※2） ＝△2,843（貸方残）

※1 残高試算表

※2 上記(1)の繰延税金資産の合計（上記④を除く）

12．その他

(1) 債務保証については、当該債務の内容及び金額を貸借対照表等に関する注記として記載する。

(2) 資本準備金の減少

（資本準備金） 23,000 （その他資本剰余金） 23,000

仮計算

B/S（X3. 4. 1～X4. 3.31）→X5. 3.31　　　　（千円）

現　預　195,450△[1]300＋[1借越]7,925＋[1]1,500△[1長預]25,000
受[2%]手　277,350△[2]5,240
売[2%]掛　352,650△[2]2,710△[2]18,900
商　品　[5]125,350
前　費　1,355
短　貸　27,000
~~仮払金　13,000△[6]8,000△[9]3,000△[9]2,000~~
~~仮払消　154,552△[5]70＋[10]6,720~~

貸引　[2]12,063

建　物　653,000＋[6]8,000＋[6]2,000△[6]19,982
減累　260,825＋[6]675＋[6]63
車　運　60,000
減累　28,750
器　備　65,000＋[5]1,500△[6]9,991
減累　31,462＋[6]164
土　地　105,253△[6]19,982
~~建　仮　2,000△[6]2,000~~

借　地　59,500

繰税資　[11]~~60,655~~　[11]63,498△[繰税負]595
長　預　[1]25,000
破　産　[2]7,950＋[2]2,268
（担保　[2]3,000）
投　有　[3G株]8,260＋[3H株]14,700＋[3X株]3,600
関　株　[3I株]12,880
その他　9,732

貸引　[2]4,950＋[2]2,268

支　手　146,365△[6]3,000
買　掛　127,535△[5]770
短　借　179,000＋[1借越]7,925△[7]126,000△[7]8,000
未払金　34,500＋[1]1,500
未　費　750＋[7]540
~~仮受金　567△[2]567~~
~~仮受消　[10]188,670~~
営外支　[6]2,400
賞　引　[8]40,000
未　法　[10]41,127△[10]16,097△[10]4,830
未　消　[10]27,468

長預り　3,000
退　引　93,000＋[9]27,380△[9]3,000△[9]2,000
~~繰税負　[3H株]595~~
長外手　[6]600
長　借　[7]126,000＋[7]8,000

資　本　275,000
資　準　75,000△[12]23,000
そ　資　20,000△[4]39,000＋[12]23,000
利　準　16,750
別　積　492,040
自　株　52,000△[4]39,000
そ評差　[3H株]1,105

貸　引　~~21,988~~
一般　[2]10,063
C社　[2]2,475
~~D社　[2]9,450~~

P/L（X3. 4. 1～X4. 3. 31）　（千円）

借方	貸方
期　首　87,000 当　期　1,275,000△700[5] 器備振　1,500[5] 期　末　125,350[5] （1,234,450）	売　上　1,886,700 受利配　2,100 有　利　1,000 有売益　6,650 雑　収　3,550
販管費　424,899＋300[1]＋2,000[2]＋675[6建物]＋63[6倉庫]＋164[6器備] ＋40,000[8]＋27,380[9]＋1,889[10]△4,830[10]△6,720[10] （485,820）	
支　利　2,135＋540[7] 支　手　120[4] 雑　損　5,550△120[4]	法住事　~~14,847~~[10]　39,238[10] 法還付　1,250[10] 法　調　△2,843[11]
建除損　4,687 貸　損　6,615[2] 貸　繰　2,475[2]＋2,268[2] 投評損　2,860[3 X株] 減　損　49,955[6]	

第9回 解答・解説

解答

(1)

貸借対照表

萩製造株式会社　X4年3月31日現在　(単位：千円)

資産の部		負債の部	
科目	金額	科目	金額
Ⅰ 流動資産	(3,036,332)	Ⅰ 流動負債	(2,145,479)
現金預金	495,414 ①	支払手形	6,462
受取手形	488,800 ①	買掛金	1,001,611 ①
売掛金	1,113,022 ①	短期借入金	223,735 ①
製品	261,792 ①	未払金	149,816
材料	44,362 ①	未払法人税等	135,487 ①
仕掛品	64,288	未払消費税等	256,000 ①
貯蔵品	3,140 ①	前受収益	2,220
前渡金	17,250 ①	預り金	25,851
前払費用	28,820 ①	賞与引当金	164,265
短期貸付金	220,966	債務保証損失引当金	180,032 ①
営業外受取手形	100,000 ①	Ⅱ 固定負債	(608,284)
その他の流動資産	217,705	社債	110,000 ①
貸倒引当金	△19,227 ①	長期借入金	148,664
Ⅱ 固定資産	(3,937,404)	長期未払金	39,268
1 有形固定資産	(2,449,561)	退職給付引当金	270,352 ①
建物	1,671,875 ①	営業保証金	40,000
機械装置	921,750	負債合計	2,753,763
車両運搬具	73,300	純資産の部	
器具備品	327,000	Ⅰ 株主資本	(4,228,423)
土地	1,031,647 ①	1 資本金	800,000 ①
建設仮勘定	40,908	2 資本剰余金	(477,825)
減価償却累計額	△1,616,919 ①	(1) 資本準備金	476,000
2 無形固定資産	(33,208)	(2) その他資本剰余金	1,825 ①
特許権	2,750 ①	3 利益剰余金	(3,147,823)
借地権	17,322	(1) 利益準備金	85,000
ソフトウェア	5,610 ①	(2) その他利益剰余金	(3,062,823)
その他の無形固定資産	7,526	別途積立金	2,636,256
3 投資その他の資産	(1,454,635)	繰越利益剰余金	426,567
投資有価証券	257,040 ①	4 自己株式	△197,225 ①
関係会社株式	566,650 ①	Ⅱ 評価・換算差額等	(△8,450)
長期貸付金	109,624	1 その他有価証券評価差額金	△8,450 ①
破産更生債権等	117,910 ①		
長期前払費用	8,920 ①		
繰延税金資産	331,800 ①		
長期性預金	25,000 ①		
その他の投資等	129,026		
貸倒引当金	△91,335 ①	純資産合計	4,219,973
資産合計	6,973,736	負債・純資産合計	6,973,736

損　益　計　算　書

萩製造株式会社　　自X3年4月1日　至X4年3月31日　　(単位：千円)

科　目	金　額	
Ⅰ 売上高		12,938,108
Ⅱ 売上原価		9,049,272
売上総利益		3,888,836
Ⅲ 販売費及び一般管理費		3,061,909
営業利益		826,927
Ⅳ 営業外収益		
受取利息配当金	191,554	
投資有価証券売却益	15,300①	
雑収入	39,849	246,703
Ⅴ 営業外費用		
支払利息	33,738	
社債利息	2,450	
為替差損	600①	
貸倒引当金繰入	6,964①	
雑損失	24,119①	67,871
経常利益		1,005,759
Ⅵ 特別利益		
土地売却益	12,475①	12,475
Ⅶ 特別損失		
減損損失	60,000①	
投資有価証券評価損	104,115①	
貸倒引当金繰入	85,580①	
債務保証損失引当金繰入	180,032	429,727
税引前当期純利益		588,507
法人税、住民税及び事業税	215,450①	
法人税等調整額	△6,440①	209,010
当期純利益		379,497

個別注記表（貸借対照表等に関する注記）

1．関係会社に対する短期金銭債権は200,752千円、長期金銭債権は2,300千円である。①

(2)

製造原価報告書

自X3年4月1日　至X4年3月31日　　(単位：千円)

科目		金額	
材料費	期首材料棚卸高	42,996	
	当期材料仕入高	5,531,766	
	合計	5,574,762	
	期末材料棚卸高	44,762	5,530,000
労務費	賞与引当金繰入	109,510①	
	退職給付費用	36,000①	
	その他の労務費	1,529,610	1,675,120
経費	外注加工費	130,000	
	減価償却費	150,051①	
	ソフトウェア償却	1,080①	
	特許権償却	500①	
	材料棚卸減耗損	400①	
	その他の製造経費	1,540,013	1,822,044
当期総製造費用			9,027,164
期首仕掛品棚卸高			64,962
合計			9,092,126
期末仕掛品棚卸高			64,288
当期製品製造原価			9,027,838

解説

以下、特に指示のある場合を除き、単位は千円とする。

【資料２】決算整理の未済事項及び参考事項

1　現金預金

⑴　甲銀行の当座預金

①　広告費の支払代金の未取付額については、銀行側の残高修正事項となるため、当社の帳簿修正は不要である。

②　売掛金の回収に係る処理が未記帳であるため、適正に処理する。

（現金預金）47,770（売掛金）47,770

⑵　乙銀行の当座預金

①　手形の期日落ちに係る処理が未記帳であるため、適正に処理する。

（支払手形）75,600（現金預金）75,600

②　未渡小切手については、買掛金の決済が行われていないため、当社の帳簿修正を行う。

（現金預金）400（買掛金）400

なお、当座借越24,521については、現金預金に加算するとともに、流動負債に短期借入金として表示する。

⑶　定期預金

①　満期日X4年４月末　15,000

１年基準により流動資産に現金預金として表示する。

②　満期日X5年10月末　25,000

１年基準により投資その他の資産に長期性預金として表示する。

③　満期日X4年７月末　23,600

１年基準により流動資産に現金預金として表示する。

（現金預金）1,400（為替差損益）1,400※

※　200千ＵＳドル×125円/ＵＳドル－23,600＝1,400

2　金銭債権

⑴　X社に対するもの

得意先X社は二度目の不渡りを発生させ、銀行取引停止処分を受けているため、同社に対する債権は破産更生債権等に該当し、投資その他の資産に破産更生債権等として表示する。

（破産更生債権等）17,014（受取手形）4,764
（売掛金）12,250

⑵　Y社に対するもの

Y社は民事再生法の申請をしているため、同社に対する債権は破産更生債権等に該当し、投資その他の資産に破産更生債権等として表示する。

（破産更生債権等）100,896（受取手形）33,632
（売掛金）67,264

⑶　土地の売却による受取手形（併せて6⑵の問題資料を確認）

適正な処理

（営業外受取手形）100,000（土地）87,525
（土地売却益）12,475

修正処理

（営業外受取手形）100,000（受取手形）100,000
（未決算）100,000（土地）87,525
（土地売却益）12,475

⑷　F社に対する長期貸付金

F社に対する債権は、貸倒懸念債権に該当し、長期貸付金に含めたまま投資その他の資産に表示する。

3　貸倒引当金

⑴　貸借対照表

①　流動資産

・一般債権（受取手形、売掛金）

（488,800＋1,113,022）×１％＝16,018

（千円未満切捨）

・一般債権（営業外受取手形、短期貸付金）

(100,000＋220,966)×１％＝3,209

（千円未満切捨）

・合計　16,018＋3,209＝19,227

②　投資その他の資産

・一般債権（長期貸付金）

9,624×１％＝96（千円未満切捨）

・貸倒懸念債権（長期貸付金）

100,000－94,341※＝5,659

※　割引現在価値の算定

X5年３月31日

1,000÷1.03＝970（千円未満切捨）

X6年３月31日

1,000÷$(1.03)^2$＝942（千円未満切捨）

X7年３月31日

101,000÷$(1.03)^3$＝92,429

（千円未満切捨）

合計　970＋942＋92,429＝94,341

・破産更生債権等

17,014＋100,896－32,330＝85,580

・合計　96＋5,659＋85,580＝91,335

(2)　損益計算書

①　販売費及び一般管理費（受取手形、売掛金）

16,018－1,206＝14,812

②　営業外費用（営業外受取手形、短期貸付金及び長期貸付金）

(3,209＋96)－2,000＋5,659＝6,964

③　特別損失（破産更生債権等）

85,580

4　有価証券

(1)　Ｂ社株式（その他有価証券に該当）

期末時価が取得原価の50％以上下落しているため減損処理を行う。

（投資有価証券）　94,650　（有 価 証 券）198,765

（投資有価証券評価損）104,115

(2)　Ｃ社株式（関連会社株式に該当）

（関係会社株式）213,300　（有 価 証 券）213,300

(3)　Ｄ社株式（子会社株式に該当）

（関係会社株式）353,350　（有 価 証 券）353,350

(4)　Ｅ銀行株式（その他有価証券に該当）

（投資有価証券）162,390　（有 価 証 券）175,390

（繰延税金資産）　4,550※

（その他有価証券評価差額金）　8,450差額

※　(175,390－162,390)×35％＝4,550

(5)　自己株式

（自 己 株 式）225,400　（有 価 証 券）225,400

なお、【資料２】13(2)の新株予約権の権利行使に伴う自己株式の交付については、解説13を参照。

(6)　Ｒ社株式（その他有価証券に該当）

残高試算表上のＲ社株式に係る有価証券売却損益は投資有価証券売却益に振替える。

なお、問題中、「長期的な時価の変動により利益を得ることを目的としたものであり、経常的な取引に該当する。」という文章があるため、当該売却益は営業外収益に表示する。

5　棚卸資産

(1)　製品

①　製品一型

出荷済みの製品について払出記帳が未済であるため、帳簿棚卸高から1,600を減額する。

Ｐ/Ｌ　期末製品棚卸高　216,040

Ｂ/Ｓ　製品　216,040

②　製品二型

サンプルとして払出した1,000は販売費及び一般管理費（見本品費）に振替計上し、併せて帳簿棚卸高の減額処理を行う。

なお、売上原価の計算上、見本品費振替高として1,000を間接的に控除すること。

P/L　期末製品棚卸高　45,752

見本品費振替高　1,000

販売費及び一般管理費（見本品費）　1,000

B/S　製品　45,752

⑵　材料

原価性のある材料棚卸減耗損は、製造原価報告書上、経費として計上する。

C/R　期末材料棚卸高　44,762

材料棚卸減耗損　400

B/S　材料　44,362

⑶　仕掛品

C/R　期末仕掛品棚卸高　64,288

B/S　仕掛品　64,288

⑷　事務用消耗品

当期に消費した金額は販売費及び一般管理費（消耗品費）として処理する。

（販売費及び一般管理費）	3,220	（貯　蔵　品）	3,220
（貯　蔵　品）	3,140	（販売費及び一般管理費）	3,140

6　有形固定資産

⑴　減価償却

製造部門に係る減価償却費132,951は製造原価報告書上、経費として計上する。

①　営業所建物

（販売費及び一般管理費）	※ 5,400	（建物減価償却累計額）	5,400

※　200,000×0.9×0.030＝5,400

②　工場建物

（減価償却費）	※ 13,500	（建物減価償却累計額）	13,500

※　500,000×0.9×0.030＝13,500

③　器具備品

（減価償却費）	※1 3,600	（器具備品減価償却累計額）	4,950
（販売費及び一般管理費）	※2 1,350		

※1　40,000×0.9×0.100＝3,600

※2　営業所　10,000×0.9×0.100＝900

本社　5,000×0.9×0.100＝450

合計　900＋450＝1,350

⑵　土地の売却

解説2⑶を参照。

⑶　減損会計

①　減損損失の認識

減損の兆候があるものについて資産グループの帳簿価額の合計額と比較し、割引前の将来キャッシュ・フローの金額の方が低い場合には、減損損失の認識を行う。

・Aグループ

78,000（土地）＋150,000（建物）＋92,000（機械装置）

＝320,000（帳簿合計額）＞ 300,000（割引前将来CF）

∴減損損失を認識する。

・Bグループ

64,000（土地）＋93,000（建物）＋43,000（機械装置）

＝200,000（帳簿合計額）＜ 215,000（割引前将来CF）

∴減損損失を認識しない。

②　減損損失の測定

帳簿価額から、正味売却価額と使用価値（割引後の将来キャッシュ・フロー）のいずれか高い方の金額（回収可能価額）を控除し、減損損失の金額を測定する。

320,000（帳簿合計額）－ 260,000（※回収可能価額）＝60,000（減損損失）（特別損失）

※　259,000（割引後将来CF）＜ 260,000（正味売却価額）　∴260,000

なお、問題の指示により、計算した減損損失を各資産の帳簿価額に基づいて比例配分する。

・土地の配分額

$60,000\times\frac{78,000}{320,000}=14,625$

・建物の配分額

$60,000\times\frac{150,000}{320,000}=28,125$

・機械装置の配分額

$60,000\times\frac{92,000}{320,000}=17,250$

（減 損 損 失）	60,000	（土　　地）	14,625
		（建　　物）	28,125
		（機 械 装 置）	17,250

なお、減価償却累計額は、問題の指示により一括控除形式により表示し、減損損失累計額は、直接控除形式により表示する。

(4) 建設仮勘定

材料の仕入に伴う前渡金は、前渡金として流動資産に表示する。

（前　渡　金） 17,250 （建設仮勘定） 17,250

7　ソフトウェア

(1) 事務管理

（販売費及び一般管理費） 180※ （ソフトウェア） 360

（ソフトウェア償却） 180※

※　$1,560\times\frac{12ヶ月}{5年\times12ヶ月-8ヶ月}\times50\%=180$

(2) 生産管理

（ソフトウェア償却） 900※ （ソフトウェア） 900

※　$3,150\times\frac{12ヶ月}{5年\times12ヶ月-18ヶ月}=900$

(3) 販売管理

利用可能期間の見直しは当期末に行われているため、当期の償却計算は従来の耐用年数で行うことに留意する。

（販売費及び一般管理費） 720※ （ソフトウェア） 720

※　$2,880\times\frac{12ヶ月}{5年\times12ヶ月-12ヶ月}=720$

8　特許権

(1) 製品の製造方法に関する特許権

（特許権償却） 500※ （特　許　権） 500

※　$3,250\times\frac{12ヶ月}{8年\times12ヶ月-18ヶ月}=500$

(2) 特定の研究開発目的にのみ使用され、他の目的に使用できない特許権は、販売費及び一般管理費（研究開発費）として計上する。

（販売費及び一般管理費） 3,000 （特　許　権） 3,000

9　仮払金

(1) 外注先に支払った代金の決済額について、計上している買掛金を修正する。

（買　掛　金） 9,225 （仮　払　金） 9,225

(2) 解説14を参照。

10　退職給付引当金

(1) 退職給付費用の計上

（退職給付費用） 54,000※ （退職給付引当金） 54,000

※　45,000（勤務費用）＋27,000（利息費用）－24,000（期待運用収益）＋5,400（数理(前期)※1）＋600（数理(前々期)※2）＝54,000

※1　54,000÷10年＝5,400

※2　5,400÷(10年－1年)＝600

問題の指示により、54,000のうち3分の2が製造費用に、3分の1が販売費及び一般管理費となる。

$54,000\times\frac{2}{3}=36,000$（労務費）

$54,000\times\frac{1}{3}=18,000$（販売費及び一般管理費）

(2) 退職一時金及び年金掛金拠出額

退職一時金の支払額及び年金掛金拠出額が販売費及び一般管理費に計上されているため修正する。

（退職給付引当金） 24,248※ （販売費及び一般管理費） 24,248

※　14,200（一時金支払）＋10,048（掛金拠出）＝24,248

11　その他の引当金

(1) 賞与引当金

（賞与引当金繰入） 164,265 （賞与引当金） 164,265

問題の指示により、164,265のうち3分の2が製造費用に、3分の1が販売費及び一般管理費となる。

$164,265\times\frac{2}{3}=109,510$（労務費）

$164,265\times\frac{1}{3}=54,755$

（販売費及び一般管理費）

(2) 債務保証損失引当金

債務保証損失引当金は、翌期に当社が債務を履行する可能性が高まったとあるため、当該引当金は流動負債に表示し、また、繰入額は答案用紙のスペースから特別損失に表示する。

（債務保証損失引当金繰入） 180,032 （債務保証損失引当金） 180,032

12　借入金

(1)　為替予約

①　為替予約締結時

(為替差損益)　1,000※1　(借　入　金)　1,000

(前 払 費 用)　2,000※2　(借　入　金)　2,000

※1　1,000千USドル×(124円/USドル－123円/USドル)＝1,000（直直差額）

※2　1,000千USドル×(126円/USドル－124円/USドル)＝2,000（直先差額）

②　決算日

(為替差損益)　1,000※　(前 払 費 用)　1,000

※　$2,000\times\frac{1ヶ月}{2ヶ月}=1,000$

なお、当該借入金は1年基準により流動負債に短期借入金として表示する。

(2)　X5年4月10日一括返済のもの

1年基準により固定負債に長期借入金として表示する。

(3)　残額

1年基準により流動負債に短期借入金として表示する。

13　新株予約権付社債

発行時に入金額を仮受金で処理しているため修正する。

(仮　受　金) 200,000　(社　　　債) 200,000

(1)　当期10月1日における30%の権利行使時の未処理分を処理する。問題の指示により資本金に組入れる金額は会社法に規定する最低額とする。

(社　　　債)　60,000※1　(資　本　金)　30,000※2

(資本準備金)　30,000※2

※1　200,000×30%＝60,000

※2　$60,000\times\frac{1}{2}=30,000$

(2)　当期1月10日における15%の権利行使時の未処理分を処理する。自己株式処分差額をその他資本剰余金として処理する。

(社　　　債)　30,000※1　(自 己 株 式)　28,175※2

(その他資本剰余金)　1,825差額

※1　200,000×15%＝30,000

※2　225,400(保有自己株の簿価)×$\frac{25,000株}{200,000株}$＝28,175

14　諸税金

(1)　法人税、住民税及び事業税

(仮払法人税等)　90,755※　(仮　払　金)　90,500

(法 人 税 等)　255

※　71,300(法住(中間)) + 19,200(事業(中間)) + 255(源泉所得税) ＝90,755

事業税の金額のうち外形基準部分については、販売費及び一般管理費（租税公課）として処理する。

(販売費及び一般管理費)　10,792　(仮払法人税等)　90,755

(法 人 税 等) 215,450※　(未払法人税等) 135,487差額

※　178,250(法住(年額)) + 47,992(事業(年額)) − 10,792(事業(外形)) ＝215,450

(2)　消費税等

消費税等の決算において発生した借方差額については、問題の指示により雑損失として処理する。

(仮払消費税等)　208,000　(仮　払　金)　208,000

(仮受消費税等) 1,293,810　(仮払消費税等) 1,037,890

(雑　損　失)　80差額　(未払消費税等)　256,000※

※　464,000(年税)－208,000(中間)＝256,000

15　税効果会計

(1)　繰延税金資産

(875,000＋60,000(減損))×35%＝327,250

327,250＋4,550(E銀株)＝331,800

(2)　法人税等調整額

法人税等調整額の計算上、「その他有価証券」の評価差額については、全部純資産直入法を採用しており、金額に影響がないため、計算上考慮しないことに留意する。

320,810(T/B)－327,250＝△6,440（貸方残）

16　その他参考事項

(1)　D社及びC社は関係会社に該当するため、問題の指示により関係会社に対する金銭債権として一括注記方式により注記する。

(2)　前払費用は1年基準により長期分を長期前払費用として投資その他の資産に表示する。

仮計算

B/S（X3. 4. 1～X4. 3. 31→X5. 3. 31）（千円）

現預	521,923＋47,770[1]△75,600[1]＋400[1]＋24,521[1借越] △25,000[1長預]＋1,400[1]
受手[1%]	627,196△4,764[2]△33,632[2]△100,000[2]
売掛[1%]	1,240,306△47,770[1]△12,250[2]△67,264[2]
製品	216,040[5一型]＋45,752[5二型]
材料	44,362[5]
仕掛	64,288[5]
貯蔵	~~3,220~~[5] 3,140[5]
短貸[1%]	220,966
~~仮払金~~	~~307,725△9,225[9]△90,500[14]△208,000[14]~~
~~仮払消~~	~~829,890＋208,000[14]~~
前費	36,740＋2,000[12]△1,000[12]△8,920[16]
営外手[1%]	100,000[2]
前渡金	17,250[6]
その他	217,705
貸引	16,018[3]＋3,209[3]
建物	1,700,000△28,125[6]
減累	745,311＋5,400[6]＋13,500[6]
機械	939,000△17,250[6]
減累	565,793
車運	73,300
減累	41,044
器備	327,000
減累	240,921＋4,950[6]
土地	1,133,797△87,525[6]△14,625[6]
建仮	58,158△17,250[6]
特許	6,250△500[8]△3,000[8]
借地	17,322
ソフト	7,590△360[7]△900[7]△720[7]
その他	7,526
長貸[1%]	109,624
（懸念	100,000[2]）
繰税資	~~320,810~~ 4,550[4E株]＋327,250[15]
長預	25,000[1]
破産	17,014[2]＋100,896[2]
（営保	32,330[2]）
投有	94,650[4B株]＋162,390[4E株]
関株	213,300[4C株]＋353,350[4D株]
長前費	8,920[16]
その他	129,026
貸引	96[3]＋5,659[3]＋85,580[3]

支手	82,062△75,600[1]
買掛	1,010,436＋400[1]△9,225[9]
短借	344,878＋24,521[1]＋1,000[12]＋2,000[12]△148,664[12]
未払金	149,816
~~仮受金~~	~~200,000△200,000[13]~~
~~未決算~~	~~100,000[6]~~
前収	2,220
預り金	25,851
~~仮受消~~	~~1,293,810~~
賞引	164,265[11]
債保引	180,032[11]
未法	226,242[14]△90,755[14]
未消	256,000[14]
長未払	39,268
退引	240,600＋54,000[10]△24,248[10]
営保	40,000
長借	148,664[12]
社債	200,000[13]△60,000[13]△30,000[13]
資本	770,000＋30,000[13]
資準	446,000＋30,000[13]
そ資	1,825[13]
利準	85,000
別積	2,636,256
自株	225,400[4]△28,175[13]
そ評差	△8,450[4E株]
貸引	~~3,206~~
営業	1,206[3]
営業外	2,000[3]

C/R　　　　P/L（X3.4.1～X4.3.31）　　（千円）

C/R

期　首　42,996
当　期　5,531,766
期　末　44,762[5]

退　費　36,000[10]
賞　繰　109,510[11]

その他　1,529,610

外注費　130,000
材棚減　400[5]
減　費　132,951[6]＋13,500[6]＋3,600[6]
ソ　償　180[7]＋900[7]
特　償　500[8]

その他　1,540,013

当　期　9,027,164
期　首　64,962
期　末　64,288[5]

P/L（借方）

期　首　284,226
当　期　9,027,838
見本振　1,000[5二型]
期　末　216,040[5一型]＋45,752[5二型]
（9,049,272）

販管費　3,109,019
＋14,812[3]＋1,000[5]＋3,220[5]
△3,140[5]△132,951[6]
＋5,400[6]＋1,350[6]＋180[7]
＋720[7]＋3,000[8]＋18,000[10]
△24,248[10]＋54,755[11]
＋10,792[14]
（3,061,909）

支　利　33,738
社　利　2,450
貸　繰　1,305[3]＋5,659[3]
為　損　1,000[12]＋1,000[12]△1,400[為益]

雑　損　24,039＋80[14]

貸　繰　85,580[3]
投評損　104,115[4]
減　損　60,000[6]
債保繰　180,032[11]

P/L（貸方）

売　上　12,938,108

受利配　191,554
~~有売益　15,300~~[4]
~~為　益　1,400~~[1]
投売益　15,300[4]

雑　収　39,849

土売益　12,475[6]

法住事　~~255~~[14]　215,450[14]
法　調　△6,440[15]

第10回 解答・解説

解答

問1

1

貸借対照表

下総中山株式会社　　X9年3月31日現在　　(単位：千円)

資産の部		負債の部	
科目	金額	科目	金額
流動資産	(1,431,958)	流動負債	(1,200,706)
現金及び預金	338,758①	支払手形	311,850
受取手形	260,400①	買掛金	382,017
売掛金	196,600①	短期借入金	175,800①
関係会社売掛金	8,000①	未払金	62,400
有価証券	30,000①	未払費用	17,400①
製品	398,000①	未払法人税等	35,840①
仕掛品	104,000	未払消費税等	149,040①
材料	43,300	預り金	45,659①
前渡金	900	賞与引当金	18,000①
短期貸付金	60,000①	修繕引当金	2,700
貸倒引当金	△8,000①	固定負債	(396,800)
固定資産	(1,996,607)	長期借入金	200,800
有形固定資産	(1,224,860)	退職給付引当金	171,000①
建物	1,612,000	長期預り金	25,000
機械装置	717,000	負債合計	1,597,506
工具器具備品	20,000	純資産の部	
土地	495,440①	株主資本	(1,899,959)
減価償却累計額	△1,619,580①	資本金	1,000,000
無形固定資産	(306,648)	資本剰余金	(50,000)
特許権	648	資本準備金	50,000
借地権	270,000	利益剰余金	(848,959)
ソフトウェア	36,000①	利益準備金	30,000
投資その他の資産	(465,099)	その他利益剰余金	(818,959)
投資有価証券	22,000①	建物圧縮積立金	15,169①
関係会社株式	280,000①	別途積立金	219,087
長期貸付金	6,000①	繰越利益剰余金	584,703
破産更生債権等	30,000①	自己株式	△52,000
繰延税金資産	132,099①	自己株式申込証拠金	53,000①
貸倒引当金	△5,000	評価・換算差額等	(△1,400)
繰延資産	(67,500)	その他有価証券評価差額金	△1,400①
開発費	67,500①	純資産合計	1,898,559
資産合計	3,496,065	負債・純資産合計	3,496,065

損　益　計　算　書

自X8年4月1日
至X9年3月31日

下総中山株式会社　　　　　　　　　　　　　　　　　　　（単位：千円）

科　　　目	金	額
売　上　高		5,922,322
売　上　原　価		3,543,794
売　上　総　利　益		2,378,528
販売費及び一般管理費		2,215,120
営　業　利　益		163,408
営　業　外　収　益		
受取利息配当金	23,980	
有価証券売却益	4,340	
有価証券利息	180	
償却債権取立益	600①	
為　替　差　益	4,411①	
雑　収　入	13,800	47,311
営　業　外　費　用		
支　払　利　息	10,600	
投資有価証券売却損	4,000①	
材料棚卸減耗損	100①	
雑　損　失	12,529	27,229
経　常　利　益		183,490
特　別　利　益		
保　険　差　益	22,000①	22,000
特　別　損　失		
貸倒引当金繰入	5,000①	
関係会社株式評価損	51,000①	56,000
税引前当期純利益		149,490
法人税、住民税及び事業税		66,480①
法人税等調整額		△19,199①
当　期　純　利　益		102,209

第10回

[個別注記表]

①	土地のうち80,000千円が長期借入金100,000千円の担保に供されている。	①
②	関係会社との取引高　営業取引高　122,600千円	①

2

製造原価報告書

自X8年4月1日
至X9年3月31日

下総中山株式会社　　　　　　　　　　　　　　　　　　　　(単位：千円)

科目	金額	
材料費		
期首材料棚卸高	46,000	
当期材料仕入高	1,170,000	
合計	1,216,000	
期末材料棚卸高	43,600	1,172,400①
労務費		
賃金手当	1,918,500①	
賞与引当金繰入	10,800	
退職給付費用	28,800①	1,958,100
経費		
材料棚卸減耗損	200①	
通信費	2,000	
消耗品費	25,000	
修繕費	18,000①	
水道光熱費	1,000	
減価償却費	100,820①	
特許権償却	432	
ソフトウェア償却	1,000	
修繕引当金繰入	2,700	
その他製造経費	198,142	349,294
当期総製造費用		3,479,794
期首仕掛品棚卸高		96,000
合計		3,575,794
期末仕掛品棚卸高		104,000
当期製品製造原価		3,471,794

問2

キャッシュ・フロー計算書

自X12年4月1日　至X13年3月31日　（単位：千円）

Ⅰ　営業活動によるキャッシュ・フロー		
税引前当期純利益	97,500①	
減価償却費	2,950	
賞与引当金の（増加）額	360	①
貸倒引当金の（減少）額	△121	①
受取利息及び受取配当金	△8,150	①
支払利息	900	
土地売却益	△20,000	
売上債権の（減少）額	12,100	①
棚卸資産の（増加）額	△9,650	①
仕入債務の（増加）額	4,500	①
小計	80,389	
利息及び配当金の受取額	8,160	①
利息の支払額	△925	①
法人税等の支払額	△28,000	①
営業活動によるキャッシュ・フロー	59,624	
Ⅱ　投資活動によるキャッシュ・フロー		
有形固定資産の取得による支出	△70,000	
有形固定資産の売却による収入	55,000①	
投資活動によるキャッシュ・フロー	△15,000	
Ⅲ　財務活動によるキャッシュ・フロー		
短期借入れによる収入	15,000	
短期借入金の返済による支出	△18,000①	
配当金の支払額	△12,500	
財務活動によるキャッシュ・フロー	△15,500	
Ⅳ　現金及び現金同等物の増加額	29,124	
Ⅴ　現金及び現金同等物の期首残高	41,500	
Ⅵ　現金及び現金同等物の期末残高	70,624	

解説

問１

以下、指示のない限り単位は千円とする。

１．現金及び預金

・外国通貨

（為替差損益）　22※　（現金及び預金）　22

※　11千ドル×107円＝1,177

1,199－1,177＝22

２．受取手形及び売掛金並びに貸倒引当金

⑴　手形貸付金

当期末において、未決済の手形は18通であり、毎月末に１通ずつ決済されるため、貸借対照表日の翌日から起算して１年以内に期限が到来する手形は12通分12,000※1、１年を超えて期限が到来する手形は６通分6,000※2であるため、それぞれ流動資産に「短期貸付金」、投資その他の資産に「長期貸付金」として表示する。

（貸　付　金）　18,000　（受 取 手 形）　18,000

※１　12通×1,000＝12,000

※２　６通×1,000＝6,000

⑵　Ｃ社

解説３.より、Ｃ社は関係会社に該当するため、問題の指示により流動資産に「関係会社売掛金」として別科目表示する。

⑶　武蔵野株式会社

貸倒懸念債権に該当するため、別科目表示はせず受取手形に含めたまま表示する。

⑷　小平株式会社

破産更生債権等に該当し、１年以内に回収される見込みはないため、投資その他の資産に「破産更生債権等」として表示する。

（破産更生債権等）　30,000　（売　掛　金）　30,000

⑸　入間株式会社

当期において貸倒れた前期以前発生の破産更生債権等の貸倒処理が未処理であるため、前期末に設定した貸倒引当金を充当する。

（貸倒引当金）　12,000　（売　掛　金）　12,000

⑹　貸倒引当金

①　貸借対照表

・流動資産

(a)　一般債権（受取手形、売掛金及び関係会社売掛金）

(260,400－15,000＋196,600＋8,000)

×１％＝4,500

(b)　貸倒懸念債権（受取手形）

(15,000－8,000)×50％＝3,500

(c)　(a)＋(b)＝8,000

・投資その他の資産

破産更生債権等

30,000－25,000＝5,000

②　損益計算書

・販売費及び一般管理費（一般債権及び貸倒懸念債権）

(4,500－4,000)＋(3,500－3,000)＝1,000

・特別損失（破産更生債権等）

5,000

⑺　過年度に償却した債権の当期回収

過年度に償却した債権の当期回収額は、営業外収益に「償却債権取立益」として表示する。

（仮　受　金）　600　（償却債権取立益）　600

３．有価証券

⑴　残高試算表の有価証券

①　Ａ社株式（その他有価証券に該当）

・時価評価等

前期末に計上した評価差額の振り戻し処理が行われていないため、一旦、取得原価まで振り戻してから、当期末の評価をすることに留意すること。

＜期首振り戻し処理＞

借方		貸方	
(繰延税金資産)	※2 300	(有価証券)	※1 1,000
(評価差額金)	差額 700		

※1　25,000－24,000＝1,000

※2　1,000×30％＝300

＜期末処理＞

借方		貸方	
(投資有価証券)	22,000	(有価証券)	24,000
(繰延税金資産)	※ 600		
(その他有価証券評価差額金)	差額 1,400		

※　(24,000－22,000)×30％＝600

・受取利息配当金及び源泉所得税

「受取利息配当金」から差し引かれた源泉所得税は、法人税等の前払として処理し、「未払法人税等」の計算上控除する。

借方		貸方	
(仮払法人税等)	1,160	(受取利息配当金)	1,160

② B社株式（その他有価証券に該当）

前期末において時価が取得原価の50％以上下落しているため、減損処理が行われ、前期末の時価が残高試算表の有価証券に計上されていることに留意する。

＜売却処理＞

借方		貸方	
(仮受金)	5,000	(有価証券)	9,000
(投資有価証券売却損益)	4,000		

③ C社株式（子会社株式に該当）

当社はC社の議決権の50％超を保有しているため、C社は当社の子会社に該当する。

借方		貸方	
(関係会社株式)	251,000	(有価証券)	251,000

④ D社株式（子会社株式に該当）

当社はD社の議決権の50％超（1,600株÷2,000株＝80％）を保有しているため、D社は当社の子会社に該当する。

借方		貸方	
(関係会社株式)	80,000	(有価証券)	80,000

D社株式は財政状態を反映した実質価額が著しく低下しているため、減損処理を行う。

借方		貸方	
(関係会社株式評価損)	※ 51,000	(関係会社株式)	51,000

※　(86,250（諸資産）－50,000（諸負債）)×80％＝29,000

80,000－29,000＝51,000

⑤ 公社債投資信託

元本毀損の恐れがなく、容易に換金可能な預金と同様の性格を有するものであるため、取得原価により評価し、流動資産に「有価証券」として表示する。

(2) 自己株式

自己株式の処分により払込を受けた金額は、払込期日が翌期であるため、株主資本の自己株式の次に「自己株式申込証拠金」として表示する。

借方		貸方	
(仮受金)	53,000	(自己株式申込証拠金)	53,000

4．棚卸資産

(1) 製品

期末製品棚卸高については、3月29日に販売した製品の払出記帳が未済のため、帳簿棚卸高を減額する点に留意する。

P/L期末製品棚卸高　398,000

B/S流動資産　製品　398,000

(2) 仕掛品

C/R期末仕掛品棚卸高　104,000

B/S流動資産　仕掛品　104,000

(3) 材料

期末材料棚卸高については、帳簿棚卸高と実地棚卸高の差額に留意し、払出記録の記帳ミスを考慮してから求める。

C/R期末材料棚卸高　43,600※

※　44,000－400＝43,600

期末材料棚卸高と実地棚卸高の差額300は、減耗損であり、その発生が製造過程において不可避的なものはC/R製造経費に計上し、原価性の無いものは答案用紙に記載済みであることから、P/L営業外費用に計上する。

C/R製造経費　材料棚卸減耗損　200

P/L営業外費用　材料棚卸減耗損　100

B/S流動資産　材料　43,300

5．有形固定資産

(1) 建物G

① 旧建物に係る保険金の受領

(仮受金)	349,500	(火災未決算)	327,500
		(保険差益)	22,000

② 減価償却

(減価償却費)	※ 6,180	(建物減価償却累計額)	6,180

※ $(349,500+62,500)\times0.020\times\frac{9ヶ月}{12ヶ月}$

$=6,180$

③ 圧縮記帳

・圧縮積立金の積立

(法人税等調整額)	6,600	(繰延税金負債)	※1 6,600
(繰越利益剰余金)	15,400	(建物圧縮積立金)	※2 15,400

※1 22,000×30％＝6,600

※2 22,000－6,600＝15,400

・圧縮積立金の取崩

(繰延税金負債)	※1 99	(法人税等調整額)	99
(建物圧縮積立金)	※2 231	(繰越利益剰余金)	231

※1 6,180（減価償却費）－ 5,850（償却限度額）＝330

（減価償却限度超過額）

330×30％＝99

※2 330－99＝231

(2) 土地

土地取得を目的として建物付土地を購入した場合、建物の購入代金や当該建物の取壊費用も土地の取得原価に含めることに留意する。

(土地)	※ 103,000	(仮払金)	103,000

※ 100,000＋3,000＝103,000

6．無形固定資産（ソフトウェア）

(1) 販売管理のためのソフトウェア

(ソフトウェア償却)	※ 6,000	(ソフトウェア)	6,000

※ $24,000\times\frac{12ヶ月}{5年\times12ヶ月-12ヶ月}=6,000$

(2) 事務管理のためのソフトウェア

ソフトウェアの導入に当たって、当社の仕様に合わせるための修正作業の金額2,000については、ソフトウェアの取得原価に含める。

(ソフトウェア)	2,000	(修繕費)	2,000
(ソフトウェア償却)	※ 2,000	(ソフトウェア)	2,000

※ $(18,000+2,000)\times\frac{6ヶ月}{5年\times12ヶ月}=2,000$

問題文の指示により「ソフトウェア償却」は1,000ずつ販売費及び一般管理費と製造経費に表示する。

7．繰延資産

生産計画の変更により、設備の大規模な配置替えを行った費用は、「開発費」として処理する。問題文の指示に従って資産計上し、定額法により5年間で償却する。また、償却費は販売費及び一般管理費に「開発費償却」として表示する。

(開発費)	75,000	(仮払金)	75,000
(開発費償却)	※ 7,500	(開発費)	7,500

※ $75,000\times\frac{6ヶ月}{5年\times12ヶ月}=7,500$

8．買掛金

(買掛金)	33	(為替差損益)	※ 33

※ 11千ドル×107円＝1,177

1,210－1,177＝33

9．借入金

(1) 固定資産の購入に伴う資金調達分

貸借対照表日の翌日から起算して1年を超えて支払期限が到来するため、固定負債に「長期借入金」として表示する。また、担保に供されている土地については、貸借対照表等に関する注記として記載する。

(2) 工場の運転資金に係る借入

貸借対照表日の翌日から起算して1年を超えて支払期限が到来するため、固定負債に「長期借入金」として表示する。

(3) 外貨建借入金

貸借対照表日の翌日から起算して1年以内に支払期限が到来するため、流動負債に「短期借入金」として表示し、金額は決算時の為替相場による円換算額により算定する。

(借　入　金)　3,000　(為替差損益)　3,000※

※　110,000－1,000千ドル×107円＝3,000

10. 引当金

(1) 賞与引当金

支給見込額のうち、当期に対応する部分（X8年12月1日～X9年3月31日）を算定し、40%を販売費及び一般管理費に、60%を労務費に「賞与引当金繰入」として表示する。

(賞与引当金繰入)　18,000※　(賞与引当金)　18,000

※　$27,000\times\frac{4ヶ月}{6ヶ月}=18,000$

・賞与引当金繰入の配賦

P/L販売費及び一般管理費　7,200※1

C/R労務費　10,800※2

※1　18,000×40%＝7,200

※2　18,000×60%＝10,800

(2) 修繕引当金

工場建物修繕の見積額に基づく修繕引当金繰入は、製造経費に「修繕引当金繰入」として表示する。

(修繕引当金繰入)　2,700　(修繕引当金)　2,700

(3) 退職給付引当金

① 会計処理

・退職一時金制度

(イ) 一時金支給

(退職給付引当金)　15,000　(退職給付費用)　15,000

(ロ) 期末退職給付費用の計上

(退職給付費用)　25,000※　(退職給付引当金)　25,000

※　140,000（当期末）－(130,000（前期末）－15,000（一時金）)＝25,000

・企業年金制度

(イ) 掛金拠出

(退職給付引当金)　12,000　(退職給付費用)　12,000

(ロ) 期末退職給付費用の計上

(退職給付費用)　23,000※1　(退職給付引当金)　23,000

※1　31,000（当期末※2）－(20,000（前期末※3）－12,000（掛金拠出）)＝23,000

※2　195,500（数理債務）－164,500（年金資産）＝31,000

※3　195,000（数理債務）－175,000（年金資産）＝20,000

② 退職給付費用の配賦

P/L販売費及び一般管理費　19,200※1

C/R労務費　28,800※2

※1　(25,000＋23,000)×40%＝19,200

※2　(25,000＋23,000)×60%＝28,800

11. 諸税金

(1) 法人税、住民税及び事業税

① 中間納付

(仮払法人税等)　32,800　(仮　払　金)　25,700

　　　　　　　　　　　　(租 税 公 課)　7,100

② 期末処理

(租 税 公 課)　3,320（事外形）　(仮払法人税等)　33,960※2

(法 人 税 等)　66,480※1　(未払法人税等)　35,840（差額）

※1　55,000（法・住年）＋14,800（事年）－3,320（事外形）＝66,480

※2　32,800（中間）＋1,160（源泉）＝33,960

(2) 消費税等

(仮受消費税等)　592,230　(仮払消費税等)　443,190

　　　　　　　　　　　　(未払消費税等)　149,040

12. 税効果会計

(1) 繰延税金資産

① 繰延税金資産

460,000×30%＝138,000

138,000＋600（A社株式）＝138,600

② 繰延税金負債

6,501（圧縮積立金）

③ 繰延税金資産の純額

138,600－6,501＝132,099

(2) 法人税等調整額

法人税等調整額の計算上、全部純資産直入法の場合、その他有価証券の評価差額は含めないことに留意する。

112,300(※1) − 131,499(※2) ＝△19,199（貸方残）

※1　112,000(T/B) ＋ 300(期首振戻) ＝112,300

※2　138,000－6,501＝131,499

13. その他参考事項

(1) 預り金

受け入れた長期の営業保証金は、固定負債に「長期預り金」として表示する。

(2) 給料手当

販売費及び一般管理費の「給料手当」に含まれる工員に係る賃金手当は、労務費に「賃金手当」として表示する。

（賃 金 手 当）900,000　（給 料 手 当）900,000

3月支払分の賃金手当が源泉所得税等が差し引かれた金額で計上されているため、総額に修正する。なお、源泉所得税等は期末現在支払をしていないため、流動負債に「預り金」として表示する。

また、期末における未払分については流動負債に「未払費用」として表示する。

（賃 金 手 当）18,500　（預　り　金）10,100
　　　　　　　　　　　（未払賃金手当）8,400

(3) 雑収入

（雑　収　入）1,400　（為替差損益）1,400

(4) 関係会社との取引高

C社は関係会社であるためC社に対する売上高は、損益計算書に関する注記として記載する。

問2

以下、単位は千円とする。

① 税引前当期純利益

62,500(当期純利益) ＋35,000(法人税等) ＝97,500

② 賞与引当金の増加額

15,360(第40期賞与引当金) － 15,000(第39期賞与引当金) ＝360

③ 貸倒引当金の減少額

249(第40期貸倒引当金) － 370(第39期貸倒引当金) ＝△121

④ 受取利息及び受取配当金

2,550(受取利息) ＋ 5,600(受取配当金) ＝8,150

⑤ 売上債権の減少額

24,900(第40期売掛金) － 37,000(第39期売掛金) ＝△12,100（加算調整）

⑥ 棚卸資産の増加額

25,000(第40期商品) － 15,350(第39期商品) ＝9,650（減算調整）

⑦ 仕入債務の増加額

34,300(第40期買掛金) － 29,800(第39期買掛金) ＝4,500（加算調整）

⑧ 利息及び配当金の受取額

2,550(受取利息) ＋ 5,600(受取配当金) ＋ 150(第39期未収収益) － 140(第40期未収収益)

＝8,160

⑨ 利息の支払額

900(支払利息) ＋ 100(第39期未払費用) － 75(第40期未払費用) ＝925

⑩ 法人税等の支払額

35,000(法人税等) ＋ 15,000(第39期未払法人税等) － 22,000(第40期未払法人税等)

＝28,000

⑪ 有形固定資産の売却による収入

35,000(土地簿価) ＋ 20,000(土地売却益) ＝55,000

（現 金 預 金）55,000　（土　　地）35,000
　　　　　　　　　　　（土地売却益）20,000

仮計算

B/S（X8. 4. 1～X9. 3.31→X10. 3.31）（千円）

現　預	338,780△22[1]
受　手[1%]	278,400△18,000[2]
（懸念[50%]	15,000[2]　担保　8,000[2]）
売　掛[1%]	246,600△8,000[2]△30,000[2]△12,000[2]
有　証	30,000[3公社債]
製　品	398,000[4]
仕　掛	104,000[4]
材　料	43,300[4]
前渡金	900
短　貸	48,000＋12,000[2]
~~仮払金~~	~~203,700△103,000[5]△75,000[7]△25,700[11]~~
~~仮払消~~	~~443,190[11]~~
関売掛[1%]	8,000[2]
貸引	4,500[2]＋3,500[2]
建　物	1,612,000
減累	1,199,250＋6,180[5]
機　械	717,000
減累	404,450
工器備	20,000
減累	9,700
土　地	392,440＋103,000[5]
特　許	648
借　地	270,000
ソフト	42,000△6,000[6]＋2,000[6]△2,000[6]
繰税資	~~112,000＋300[3A株]~~　600[3A株]＋138,000[12]△6,501[繰税負]
~~火　未~~	~~327,500[5]~~
長　貸	6,000[2]
破　産	30,000[2]
（担保	25,000[2]）
投　有	22,000[3A株]
関　株	251,000[3C株]＋29,000[3D株]
貸引	5,000[2]
開　発	75,000[7]△7,500[7]

支　手	311,850
買　掛	382,050△33[8]
短　借	379,600△100,000[9]△100,800[9]△3,000[9]
未払金	62,400
未　費	9,000＋8,400[13]
預り金	60,559△25,000[13]＋10,100[13]
~~仮受金~~	~~408,100△600[2]△5,000[3]△53,000[3]△349,500[5]~~
~~仮受消~~	~~592,230[11]~~
未　法	△1,160[3]＋69,800[11]△32,800[11]
賞　引	18,000[10]
修　引	2,700[10]
未　消	149,040[11]
退　引	~~150,000△15,000[10]△12,000[10]~~　140,000[10一時金]＋31,000[10年金]
~~繰税負~~	~~6,600[5]△99[5]~~
長　借	100,000[9]＋100,800[9]
長預り	25,000[13]
資　本	1,000,000
資　準	50,000
利　準	30,000
建圧積	15,400[5]△231[5]
別　積	219,087
自　株	52,000
自申証	53,000[3]
そ評差	~~700~~[3]　△1,400[3A株]
貸　引	~~19,000~~
一般	4,000[2]
懸念	3,000[2]
破産	~~12,000~~[2]

C/R	P/L (X8. 4. 1～X9. 3.31)	(千円)
期　首　46,000 当　期　1,170,000 期　末　43,600[4]	期　首　470,000 当　期　3,471,794 期　末　398,000[4] (3,543,794)	売　上　5,922,322
賃　金　1,000,000＋900,000[13] ＋10,100[13]＋8,400[13] 賞　繰　10,800[10] 退　費　28,800[10]	給　料　2,220,000△900,000[13] 退　費　~~27,000~~[10]　19,200[10] 減　費　80,000 租　公　33,000△7,100[11]＋3,320[11] 貸　繰　500[2]＋500[2] ソ　償　6,000[6]＋1,000[6] 開発償　7,500[7] 賞　繰　7,200[10] その他　744,000　(2,215,120)	受利配　22,820＋1,160[3] 有売益　4,340 有　利　180 償債益　600[2] 為　益　33[8]＋3,000[9]＋1,400[13]△22[為損] 雑　収　15,200△1,400[13]
通信費　2,000 消　費　25,000 修　繕　20,000△2,000[6] 水　光　1,000 減　費　94,640＋6,180[5] 特許償　432 材棚減　200[4] ソ　償　1,000[6] 修　繰　2,700[10] その他　198,142	支　利　10,600 ~~為　損　22~~[1] 投売損　4,000[3] 材棚減　100[4] 雑　損　12,529	保　益　22,000[5]
当　期　3,479,794 期　首　96,000 期　末　104,000[4]	貸　繰　5,000[2] 関評損　51,000[3]	法住事　66,480[11] 法　調　△19,199[12]

解　答　用　紙

※Ａ４サイズにコピーしてお使いください

「解答用紙（Ａ４サイズ）」は、資格の大原書籍販売サイト大原ブックストア内の「解答用紙ＤＬサービス」よりダウンロードすることも可能です。

https://www.o-harabook.jp/
資格の大原書籍販売サイト 大原ブックストア

第　１　回	計算書類に係る附属明細書等	標準時間	評　点
難易度Ａ		／55分	／50点

(1)　株式会社新小岩商会（第18期）の貸借対照表、損益計算書

貸　借　対　照　表

株式会社新小岩商会　　X5年３月31日現在　　（単位：千円）

資産の部		負債の部	
科　目	金　額	科　目	金　額
Ⅰ 流動資産		Ⅰ 流動負債	
現金預金		支払手形	
受取手形		買掛金	
売掛金		短期借入金	141,180
		未払金	
未収収益			
貸倒引当金		未払消費税等	22,680
Ⅱ 固定資産		預り金	12,219
1 有形固定資産			
建物			
車両運搬具		Ⅱ 固定負債	
器具備品		長期借入金	74,319
土地	214,725	退職給付引当金	
2 投資その他の資産		負債合計	
投資有価証券		純資産の部	
		Ⅰ 株主資本	
		1 資本金	
		2 資本剰余金	
		(1) 資本準備金	
		3 利益剰余金	
		(1) 利益準備金	19,975
		(2) その他利益剰余金	
		別途積立金	65,615
		繰越利益剰余金	
		純資産合計	
資産合計		負債・純資産合計	

損益計算書		
株式会社 新小岩商会	自X4年４月１日 至X5年３月31日	(単位：千円)
科目	金額	
Ⅰ 売上高		
Ⅱ 売上原価		
売上総利益		
Ⅲ 販売費及び一般管理費		
営業利益		
Ⅳ 営業外収益		
受取利息配当金		
有価証券利息		
雑収入	84	
Ⅴ 営業外費用		
支払利息		
雑損失		
経常利益		
Ⅵ 特別損失		
土地売却損	51,460	
税引前当期純利益		
法人税、住民税及び事業税		
当期純利益		

(2) 売上原価の計算過程

(単位：千円)

期首商品棚卸高	
当期商品仕入高	
合計	
期末商品棚卸高	
差引	
売上原価	

(3) 販売費及び一般管理費の内訳

(単位：千円)

給料手当	
租税公課	40,685
その他販売費及び一般管理費	10,259
販売費及び一般管理費合計	

(4) 個別注記表

<貸借対照表等に関する注記>
1.
2. 有形固定資産の減価償却累計額は
3.

第　2　回	貸借対照表等に関する注記等	標準時間	評　点
難易度A		／65分	／50点

(1)　千葉商事株式会社（第25期）の貸借対照表、損益計算書

貸　借　対　照　表

千葉商事株式会社　　X8年3月31日現在　　（単位：千円）

資産の部		負債の部	
科目	金額	科目	金額
Ⅰ〔　　　　〕		Ⅰ〔　　　　〕	
現金預金		支払手形	
受取手形		買掛金	
売掛金			
有価証券		未払法人税等	
商品		未払消費税等	10,290
貯蔵品		預り金	6,640
未収金	2,928	Ⅱ〔　　　　〕	
貸倒引当金			
Ⅱ〔　　　　〕		負債合計	
1〔　　　　〕		純資産の部	
建物		Ⅰ〔　　　　〕	
車両運搬具		1〔　　　　〕	1,127,000
器具備品		2〔　　　　〕	61,000
土地	292,199	(1) 資本準備金	61,000
建設仮勘定		3〔　　　　〕	
2〔　　　　〕		(1) 利益準備金	24,126
商標権		(2) その他利益剰余金	
3〔　　　　〕		別途積立金	472,758
投資有価証券		繰越利益剰余金	
関係会社株式			
貸倒引当金		純資産合計	
資産合計		負債・純資産合計	

損　益　計　算　書 自X7年4月1日 千葉商事株式会社　至X8年3月31日　(単位：千円)		
科　　目	金　　額	
Ⅰ〔　　　　　　　〕		2,523,525
Ⅱ 売　上　原　価		
〔　　　　　　　〕		
Ⅲ 販売費及び一般管理費		
〔　　　　　　　〕		
Ⅳ〔　　　　　　　〕		
受取利息配当金		
有価証券利息		
貸倒引当金戻入		
雑　収　入	3,118	
Ⅴ〔　　　　　　　〕		
支　払　利　息	75,200	
社　債　利　息		
雑　損　失	20,200	
〔　　　　　　　〕		
Ⅵ〔　　　　　　　〕		
〔　　　　　　　〕		
〔　　　　　　　〕		
〔　　　　　　　〕		

(2) 売上原価の計算過程

(単位：千円)

期首商品棚卸高	208,640
当期商品仕入高	
合　　計	
期末商品棚卸高	
差　　引	
売　上　原　価	

(3) 販売費及び一般管理費の明細

(単位：千円)

給　料　手　当	
租　税　公　課	
減価償却費	
その他販売費及び一般管理費	90,987
販売費及び一般管理費合計	

(4) 個別注記表

<貸借対照表等に関する注記>	
1．関係会社に対する受取手形	千円
売掛金	千円
	千円
	千円
	千円
2．有形固定資産の減価償却累計額	千円
3．	

第　3　回	株主資本等変動計算書	標準時間	評　点
難易度Ａ		／60分	／50点

貸借対照表

浜松株式会社　　X4年5月31日現在　　(単位：千円)

資産の部		負債の部	
科目	金額	科目	金額
Ⅰ 流動資産		Ⅰ 流動負債	
現金及び預金		支払手形	401,405
受取手形		買掛金	331,530
売掛金			
		未払消費税等	21,000
貸倒引当金		預り金	14,500
Ⅱ 固定資産			
1 有形固定資産		Ⅱ 固定負債	
建物			
車両運搬具			
器具備品	200,000	退職給付引当金	
土地	61,515	負債合計	
減価償却累計額		純資産の部	
2 無形固定資産		Ⅰ 株主資本	
		1 資本金	
3 投資その他の資産		2 資本剰余金	
		(1) 資本準備金	
		3 利益剰余金	
		(1) 利益準備金	
		(2) その他利益剰余金	
貸倒引当金		別途積立金	
		繰越利益剰余金	
		4 自己株式	
		純資産合計	
資産合計		負債・純資産合計	

損益計算書

自X3年６月１日至X4年５月31日　　　　(単位：千円)

科目	金額	
Ⅰ 売上高		
Ⅱ 売上原価		
期首商品棚卸高	180,000	
当期商品仕入高		
合計		
期末商品棚卸高		
差引		
売上総利益		
Ⅲ 販売費及び一般管理費		
給料手当		
退職給付費用		
広告宣伝費	193,000	
租税公課		
諸販売費及び一般管理費	19,341	
営業利益		
Ⅳ 営業外収益		
受取利息配当金	25,997	
有価証券売却益		
雑収入	530	
Ⅴ 営業外費用		
支払利息	5,250	
有価証券評価損		
雑損失	850	
経常利益		
Ⅵ 特別利益		
Ⅶ 特別損失		
税引前当期純利益		
当期純利益		

株主資本等変動計算書

(単位：千円)

	株主資本								
	資本金	資本剰余金		利益剰余金				自己株式	株主資本合計
		資本準備金	資本剰余金合計	利益準備金	その他利益剰余金		利益剰余金合計		
					別途積立金	繰越利益剰余金			
当期首残高	350,000	75,000	75,000	10,000	74,850	70,391	155,241		
当期変動額									
新株の発行									
剰余金の配当									
別途積立金の積立て									
当期純利益									
当期変動額合計									
当期末残高									

第　4　回 難易度B	その他有価証券等	標準時間 ／65分	評　点 ／50点

(1)　株式会社山形商事の貸借対照表及び損益計算書

貸　借　対　照　表

X4年3月31日現在　　　　(単位：千円)

資　産　の　部		負　債　の　部	
科　　目	金　額	科　　目	金　額
Ⅰ 流　動　資　産		Ⅰ 流　動　負　債	
現金及び預金		支　払　手　形	216,160
受　取　手　形		買　掛　金	
売　掛　金		短　期　借　入　金	
有　価　証　券		未　払　金	84,000
商　品			
貯　蔵　品		未払法人税等	
		未払消費税等	57,300
		預　り　金	9,070
		賞　与　引　当　金	
貸　倒　引　当　金		Ⅱ 固　定　負　債	
Ⅱ 固　定　資　産			
1 有形固定資産		退職給付引当金	
建　物		負　債　合　計	
車　両　運　搬　具		純　資　産　の　部	
器　具　備　品		Ⅰ 株　主　資　本	
土　地	75,469	1 資　本　金	450,000
		2 資　本　剰　余　金	24,000
2 無形固定資産	47,600	(1) 資　本　準　備　金	24,000
借　地　権	47,600	3 利　益　剰　余　金	
3 投資その他の資産		(1) 利　益　準　備　金	15,000
		(2) その他利益剰余金	
		別　途　積　立　金	155,347
		繰越利益剰余金	
		Ⅱ 評価・換算差額等	
		1 その他有価証券評価差額金	
貸　倒　引　当　金		純　資　産　合　計	
資　産　合　計		負債・純資産合計	

損益計算書

自　X3年4月1日
至　X4年3月31日

（単位：千円）

科目	金額	
Ⅰ 売上高		2,266,900
Ⅱ 売上原価		
期首商品棚卸高	195,500	
当期商品仕入高		
合計		
期末商品棚卸高		
差引		
売上総利益		
Ⅲ 販売費及び一般管理費		
営業利益		
Ⅳ 営業外収益		
受取利息配当金		
有価証券利息		
雑収入	4,726	
Ⅴ 営業外費用		
支払利息		
雑損失	2,772	
経常利益		
Ⅵ 特別損失		
貸倒引当金繰入		
税引前当期純利益		
法人税、住民税及び事業税		
法人税等調整額		
当期純利益		

(2)　販売費及び一般管理費の明細

（単位：千円）

科　　　目	金　　額
給　料　手　当	
法　定　福　利　費	35,000
通　　信　　費	5,600
消　耗　品　費	
水　道　光　熱　費	19,700
そ の 他 販 売 管 理 費	129,743
合　　　計	

(3)

<貸借対照表等に関する注記>

①	
②	
③	
④	

<損益計算書に関する注記>

⑤	

<重要な後発事象に関する注記>

⑥	

第　5　回	自己株式を含む貸借対照表・損益計算書等	標準時間	評　点
難易度B		／75分	／50点

(1)　西船物産株式会社第33期の貸借対照表及び損益計算書

貸　借　対　照　表

X3年3月31日現在　　(単位：千円)

資産の部		負債の部	
科目	金額	科目	金額
流動資産	(　　)	流動負債	(　　)
現金及び預金		支払手形	61,892
受取手形		買掛金	
売掛金		短期借入金	
□		未払法人税等	
商品		未払消費税等	
□		預り金	2,590
短期貸付金		□	
貸倒引当金		固定負債	(　　)
固定資産	(　　)	長期借入金	
有形固定資産	(　　)	退職給付引当金	
建物		負債合計	
車両運搬具		純資産の部	
器具備品		株主資本	(　　)
土地	454,656	資本金	470,000
□		資本剰余金	(60,000)
無形固定資産	(15,000)	資本準備金	60,000
借地権	15,000	利益剰余金	(　　)
投資その他の資産	(　　)	利益準備金	9,500
投資有価証券		その他利益剰余金	(　　)
□		別途積立金	418,828
長期貸付金		繰越利益剰余金	
破産更生債権等		□	
繰延税金資産		評価・換算差額等	(　　)
長期性預金		その他有価証券評価差額金	
貸倒引当金		純資産合計	
資産合計		負債・純資産合計	

損益計算書

自X2年4月1日　至X3年3月31日

(単位：千円)

科目	金額	
売上高		
売上原価		
売上総利益		
販売費及び一般管理費		
営業利益		
営業外収益		
受取利息配当金		
有価証券利息	300	
雑収入	3,995	
営業外費用		
支払利息	2,175	
手形売却損		
雑損失		
経常利益		
特別利益		
特別損失		
貸倒引当金繰入		
税引前当期純利益		
法人税、住民税及び事業税		
法人税等調整額		
当期純利益		

⑵　販売費及び一般管理費の明細

（単位：千円）

科　　　　目	金　　　額
給　料　手　当	71,410
法　定　福　利　費	10,620
[　　　　]	
広　告　宣　伝　費	13,592
租　税　公　課	
[　　　　]	
[　　　　]	
そ　の　他	6,200
合　　計	

⑶　個別注記表

（貸借対照表等に関する注記）
1．受取手形の割引高
2．関係会社に対する短期金銭債権
3．
4．
5．
（損益計算書に関する注記）
6．関係会社との取引高

第　6　回 難易度B	リース会計等	標準時間 ／70分	評　点 ／50点

問1

貸　借　対　照　表
X4年5月31日現在

(単位：千円)

資　産　の　部		負　債　の　部	
科　　目	金　額	科　　目	金　額
Ⅰ.流　動　資　産		Ⅰ.流　動　負　債	
現金及び預金		支　払　手　形	188,798
商　　品			
		未　払　金	82,891
		未払法人税等	
貸　倒　引　当　金			
Ⅱ.固　定　資　産		預　り　金	12,500
1.有形固定資産			
建　　物			
車　両　運　搬　具	6,810	Ⅱ.固　定　負　債	
土　　地	507,952		
		退職給付引当金	311,800
2.無形固定資産		負　債　合　計	
		純　資　産　の　部	
3.投資その他の資産		Ⅰ.株　主　資　本	
投資有価証券		1.資　本　金	
		2.資　本　剰　余　金	
		(1) 資　本　準　備　金	
		(2) その他資本剰余金	
		3.利　益　剰　余　金	
繰延税金資産		(1) 利　益　準　備　金	
		(2) その他利益剰余金	
貸　倒　引　当　金		別　途　積　立　金	270,994
		繰越利益剰余金	
		4.自　己　株　式	
		Ⅱ.評価・換算差額等	
		1.その他有価証券評価差額金	
		純　資　産　合　計	
資　産　合　計		負債及び純資産合計	

損益計算書

自X3年6月1日　至X4年5月31日　　(単位：千円)

科目	金額	
Ⅰ 売上高		
Ⅱ 売上原価		
期首商品棚卸高	337,500	
当期商品仕入高		
合計		
見本品費振替高		
期末商品棚卸高		
差引		
商品棚卸減耗損		
売上総利益		
Ⅲ 販売費及び一般管理費		
荷造発送費	64,836	
給料手当	770,250	
租税公課		
退職給付費用	15,500	
その他の販売管理費		
営業利益		
Ⅳ 営業外収益		
受取利息配当金	6,940	
その他の営業外収益	156	
Ⅴ 営業外費用		
支払利息		
その他の営業外費用	9,300	
経常利益		
Ⅵ 特別利益		
Ⅶ 特別損失		
器具備品売却損	5,870	
税引前当期純利益		
当期純利益		

問２

株主資本等変動計算書
自X3年６月１日
至X4年５月31日

（単位：千円）

	株主資本								評価・換算差額等
	資本金	資本剰余金		利益剰余金			自己株式	株主資本合計	その他有価証券評価差額金
		資本準備金	その他資本剰余金	利益準備金	その他利益剰余金				
					別途積立金	繰越利益剰余金			
当期首残高	504,000	77,200	6,000	40,000	270,994	55,755	―	953,949	△650
当期変動額									
新株の発行									
準備金から剰余金への振替									
剰余金の配当									
当期純利益									
自己株式の取得									
自己株式の処分									
株主資本以外の項目の当期変動額（純額）									
当期変動額合計					―				
当期末残高					270,994				

第　7　回	退職給付会計（原則法）等	標準時間	評　点
難易度B		／70分	／50点

貸　借　対　照　表

株式会社シナガワ　　X4年3月31日現在　　（単位：千円）

資産の部		負債の部	
科　目	金　額	科　目	金　額
流動資産	(　　)	流動負債	(　　)
現金及び預金		支払手形	1,840
受取手形		買掛金	
売掛金		短期借入金	
有価証券			
商品		未払金	
短期貸付金	2,000		
貸倒引当金		未払法人税等	
固定資産	(　　)	未払消費税等	1,100
有形固定資産	(　　)	前受金	1,200
建物		預り金	860
車両運搬具			
備品		固定負債	(　　)
土地	49,127		
建設仮勘定	3,760		
減価償却累計額		退職給付引当金	
投資その他の資産	(　　)		
投資有価証券		負債合計	
関係会社株式		純資産の部	
繰延税金資産		株主資本	(　　)
		資本金	100,000
貸倒引当金		資本剰余金	(1,600)
		資本準備金	600
		その他資本剰余金	1,000
		利益剰余金	(　　)
		利益準備金	
		その他利益剰余金	(　　)
		別途積立金	5,482
		繰越利益剰余金	
		評価・換算差額等	(　　)
		純資産合計	
資産合計		負債・純資産合計	

損益計算書
自X3年4月1日
至X4年3月31日

株式会社シナガワ （単位：千円）

科目	金額	
売上高		
売上原価		
期首商品棚卸高	4,800	
当期商品仕入高		
合計		
期末商品棚卸高		
差引		
売上総利益		
販売費及び一般管理費		
給料手当		
広告宣伝費	411	
租税公課		
減価償却費		
貸倒引当金繰入		
雑費	524	
営業利益		
営業外収益		
受取利息	418	
受取配当金	900	
雑収入	266	
営業外費用		
支払利息		
雑損失	530	
経常利益		
特別利益		
特別損失		
税引前当期純利益		
法人税、住民税及び事業税		
法人税等調整額		
当期純利益		

第　8　回	外貨建有価証券を含む貸借対照表・損益計算書／注記事項	標準時間　／70分	評　点　／50点
難易度B			

（問1）

株式会社坂田商事（第18期）の貸借対照表及び損益計算書

貸　借　対　照　表

X4年3月31日現在

（単位：千円）

資産の部		負債の部	
科　目	金　額	科　目	金　額
Ⅰ流動資産	（　　）	Ⅰ流動負債	（　　）
現金預金		支払手形	
受取手形		買掛金	
売掛金		短期借入金	
商品		未払金	
前払費用	1,355	未払費用	
短期貸付金	27,000	未払法人税等	
貸倒引当金		未払消費税等	
Ⅱ固定資産	（　　）	賞与引当金	
1有形固定資産	（　　）	［　　　　］	
建物		Ⅱ固定負債	（　　）
車両運搬具	31,250	長期借入金	
器具備品		退職給付引当金	
土地		長期預り金	3,000
2無形固定資産	（59,500）	［　　　　］	
借地権	59,500	負債合計	
3投資その他の資産	（　　）	純資産の部	
投資有価証券		Ⅰ株主資本	（　　）
関係会社株式		1資本金	275,000
破産更生債権等		2資本剰余金	（　　）
繰延税金資産		(1)資本準備金	
長期性預金		(2)その他資本剰余金	
その他の投資等	9,732	3利益剰余金	（　　）
貸倒引当金		(1)利益準備金	16,750
		(2)その他利益剰余金	（　　）
		別途積立金	492,040
		繰越利益剰余金	
		4［　　　　］	
		Ⅱ評価・換算差額等	（　　）
		1［　　　　］	
		純資産合計	
資産合計		負債及び純資産合計	

損　益　計　算　書

自X3年4月1日
至X4年3月31日

（単位：千円）

科　目	金　額	
Ⅰ 売上高		1,886,700
Ⅱ 売上原価		
売上総利益		
Ⅲ 販売費及び一般管理費		
営業利益		
Ⅳ 営業外収益		
受取利息配当金	2,100	
有価証券利息	1,000	
有価証券売却益	6,650	
雑収入	3,550	13,300
Ⅴ 営業外費用		
支払利息		
支払手数料		
雑損失		
経常利益		
Ⅵ 特別損失		
貸倒損失		
減損損失		
建物除却損	4,687	
税引前当期純利益		
法人税、住民税及び事業税		
当期純利益		

（問２）

株式会社坂田商事（第18期）の個別注記表（一部抜粋）

<貸借対照表等に関する注記>

①	
②	有形固定資産の減価償却累計額は
③	
④	

（問３）

イ	ロ	ハ	ニ	ホ
ヘ	ト	チ	リ	ヌ

第　9　回	製造業の貸借対照表・損益計算書・製造原価報告書	標準時間	評　点
難易度B		／80分	／50点

(1)

貸　借　対　照　表

萩製造株式会社　　X4年3月31日現在　　(単位：千円)

資産の部		負債の部	
科目	金額	科目	金額
Ⅰ 流動資産	(　　)	Ⅰ 流動負債	(　　)
現金預金		支払手形	
受取手形		買掛金	
売掛金		短期借入金	
製品		未払金	149,816
材料		未払法人税等	
仕掛品		未払消費税等	
貯蔵品		前受収益	2,220
		預り金	25,851
前払費用			
短期貸付金	220,966		
		Ⅱ 固定負債	(　　)
その他の流動資産	217,705		
貸倒引当金		長期借入金	
Ⅱ 固定資産	(　　)	長期未払金	39,268
1 有形固定資産	(　　)	退職給付引当金	
建物		営業保証金	40,000
機械装置		負債合計	
車両運搬具	73,300	純資産の部	
器具備品		Ⅰ 株主資本	(　　)
土地		1 資本金	
		2 資本剰余金	(　　)
減価償却累計額		(1) 資本準備金	
2 無形固定資産	(　　)	(2) その他資本剰余金	
特許権		3 利益剰余金	(　　)
借地権	17,322	(1) 利益準備金	85,000
		(2) その他利益剰余金	(　　)
その他の無形固定資産	7,526	別途積立金	2,636,256
3 投資その他の資産	(　　)	繰越利益剰余金	
		4 自己株式	
		Ⅱ 評価・換算差額等	(　　)
長期貸付金		1 その他有価証券評価差額金	
破産更生債権等			
長期前払費用			
繰延税金資産			
その他の投資等	129,026		
貸倒引当金		純資産合計	
資産合計		負債・純資産合計	

損益計算書

萩製造株式会社　　自X3年4月1日　至X4年3月31日　　(単位：千円)

科目	金額	
Ⅰ 売上高		12,938,108
Ⅱ 売上原価		
売上総利益		
Ⅲ 販売費及び一般管理費		
営業利益		
Ⅳ 営業外収益		
受取利息配当金	191,554	
雑収入		
Ⅴ 営業外費用		
支払利息	33,738	
社債利息	2,450	
雑損失		
経常利益		
Ⅵ 特別利益		
Ⅶ 特別損失		
税引前当期純利益		
法人税、住民税及び事業税		
法人税等調整額		
当期純利益		

個別注記表（貸借対照表等に関する注記）

1.

(2)

製造原価報告書

自X3年４月１日　至X4年３月31日　（単位：千円）

科目		金額	
材料費	期首材料棚卸高	42,996	
	当期材料仕入高	5,531,766	
	合計	5,574,762	
	期末材料棚卸高		
労務費	賞与引当金繰入		
	退職給付費用		
	その他の労務費	1,529,610	
経費	外注加工費	130,000	
	減価償却費		
	その他の製造経費	1,540,013	
当期総製造費用			
期首仕掛品棚卸高			64,962
合計			
期末仕掛品棚卸高			
当期製品製造原価			

第　10　回	製造業の貸借対照表・損益計算書・製造原価報告書及びＣＦ計算書の作成	標準時間	評　点
難易度Ｂ		／75分	／50点

問１

1

貸　借　対　照　表

下総中山株式会社　　　X9年３月31日現在　　　（単位：千円）

資産の部		負債の部	
科　目	金　額	科　目	金　額
流動資産	(　　)	流動負債	(　　)
現金及び預金		支払手形	311,850
受取手形		買掛金	
売掛金		短期借入金	
		未払金	62,400
有価証券		未払費用	
製品		未払法人税等	
仕掛品	104,000	未払消費税等	
材料		預り金	
前渡金	900	賞与引当金	
短期貸付金		修繕引当金	
貸倒引当金		固定負債	(　　)
固定資産	(　　)	長期借入金	
有形固定資産	(　　)	退職給付引当金	
建物		長期預り金	
機械装置	717,000	負債合計	
工具器具備品	20,000	純資産の部	
土地		株主資本	(　　)
減価償却累計額		資本金	1,000,000
無形固定資産	(　　)	資本剰余金	(　50,000)
特許権	648	資本準備金	50,000
借地権	270,000	利益剰余金	(　　)
ソフトウェア		利益準備金	30,000
投資その他の資産	(　　)	その他利益剰余金	(　　)
投資有価証券		建物圧縮積立金	
		別途積立金	219,087
長期貸付金		繰越利益剰余金	
破産更生債権等			
繰延税金資産			
貸倒引当金		評価・換算差額等	(　　)
繰延資産	(　　)		
		純資産合計	
資産合計		負債・純資産合計	

損　益　計　算　書

自X8年4月1日
至X9年3月31日

下総中山株式会社　　　　　　　　　　　　　　　　　　　　　　　　（単位：千円）

科　　　目	金　　　額	
売上高		5,922,322
売上原価		
売上総利益		
販売費及び一般管理費		
営業利益		
営業外収益		
受取利息配当金		
有価証券売却益	4,340	
有価証券利息	180	
雑収入		
営業外費用		
支払利息	10,600	
材料棚卸減耗損		
雑損失	12,529	
経常利益		
特別利益		
特別損失		
税引前当期純利益		
法人税、住民税及び事業税		
法人税等調整額		
当期純利益		

［個別注記表］

①	
②	

2

製造原価報告書

下総中山株式会社　　自X8年4月1日　至X9年3月31日　　（単位：千円）

科　　　目	金　　額	
材　料　費		
期首材料棚卸高	46,000	
当期材料仕入高	1,170,000	
合　　計	1,216,000	
期末材料棚卸高		
労　務　費		
賃金手当		
賞与引当金繰入		
退職給付費用		
経　　費		
通信費	2,000	
消耗品費	25,000	
修繕費		
水道光熱費	1,000	
減価償却費		
特許権償却	432	
ソフトウェア償却		
修繕引当金繰入		
その他製造経費	198,142	
当期総製造費用		
期首仕掛品棚卸高		96,000
合　　計		
期末仕掛品棚卸高		104,000
当期製品製造原価		

問2

キャッシュ・フロー計算書 自X12年4月1日　至X13年3月31日	(単位：千円)
Ⅰ　営業活動によるキャッシュ・フロー	
税引前当期純利益	
減価償却費	
賞与引当金の(　　)額	
貸倒引当金の(　　)額	
受取利息及び受取配当金	
支払利息	900
土地売却益	
売上債権の(　　)額	
棚卸資産の(　　)額	
仕入債務の(　　)額	
小計	
利息及び配当金の受取額	
利息の支払額	
法人税等の支払額	
営業活動によるキャッシュ・フロー	
Ⅱ　投資活動によるキャッシュ・フロー	
有形固定資産の取得による支出	
有形固定資産の売却による収入	
投資活動によるキャッシュ・フロー	
Ⅲ　財務活動によるキャッシュ・フロー	
短期借入れによる収入	15,000
短期借入金の返済による支出	
配当金の支払額	
財務活動によるキャッシュ・フロー	
Ⅳ　現金及び現金同等物の増加額	
Ⅴ　現金及び現金同等物の期首残高	41,500
Ⅵ　現金及び現金同等物の期末残高	

大原は1年でも早い官報合格を応援します!!

時間がない社会人のための講義スタイル!!

1講義60分！時間の達人シリーズ

大原は講義スタイルが選べる!!

プロジェクターを駆使した人気の教室講義に加え、スタジオで専用収録した「時間の達人シリーズ」。時間の達人シリーズは講義時間60分で内容そのまま！時間を有効活用したい方にオススメです!!

時間の達人シリーズ
講義時間60分

教室講義スタイル
講義時間150分～180分

**組み合わせ自由自在！
複数科目が受講しやすく!!**

急な仕事や用事で講義を休んでも安心の無料フォローがあります!!

Web講義が標準装備！

いつでもWebで補講を受講！

仕事などのやむを得ない事情で講義を欠席してもWeb講義でペースを乱すことなく、学習を継続することができます。

進化を続ける大原方式

1年でも早く税理士試験の官報合格という夢を叶えていただき、より税理士業界を活性化していくべく大原は進化を続けてまいります。社会の変化に適応した商品開発を行い、今後も数多くの方と税理士試験の官報合格の喜びを分かち合うべく精進致します。

初めて学習される方にオススメ!!

時間の達人Webフォロー

教室講義スタイルに時間の達人Webフォローを追加！

教室講義スタイル

（教室通学・映像通学 Web通信）

＋

時間の達人シリーズ

（Webフォロー）

「予習に」「総復習に」
「繁忙期に」
使い方いろいろ！
学習方法や学習効率が
大きく変わります！！

※教室講義スタイルのWeb講義は標準装備されています。

今年も税理士試験官報合格者の

半数以上が大原生です!!

■2023年度（第73回）税理士試験
大原生官報合格占有率
（2024年2月10日現在）

53.3%

大原生合格者

320名

（専門課程 5名を含む）

全国官報合格者

600名

※大原生合格者は、全国大原グループにおいて合格するための授業、模擬試験等がすべて含まれたコースで、税理士試験合格に必要な受験科目の半数以上を受講した方を対象としています。
◎資格の大原の合格実績には、公開試験のみの受講生、出版教材のみの購入者、資料請求者、情報提供のみの登録者、無料の役務提供者は一切含まれておりません。

コース一覧

自分の学習レベルや実力アップのプランに合わせた受講コースの設定が必要です。
無理なく効率的なコース選択をしましょう。

5月開講

［2月発刊 税理士パンフレット］

初学者一発合格コース	開講科目	簿記・財表

9月開講

［6月発刊 税理士パンフレット］

初学者一発合格コース	開講科目	簿記・財表・所得・法人・相続 消費・国徴・住民・事業・固定
経験者年内完結コース 経験者年内完結＋完全合格コース	開講科目	簿記・財表・所得・法人・相続 消費
〈時間の達人シリーズ〉 初学者一発合格コース	開講科目	簿記・財表・相続・消費
〈時間の達人シリーズ〉 経験者年内完結コース 経験者年内完結＋完全合格コース	開講科目	簿記・財表・法人・相続・消費

1月開講

［11月発刊 税理士パンフレット］

初学者短期合格コース	開講科目	簿記・財表・所得・法人・相続・消費 酒税・国徴・住民・事業・固定
経験者完全合格コース	開講科目	簿記・財表・所得・法人・相続 消費
〈時間の達人シリーズ〉 初学者短期合格コース（予定）	開講科目	相続・消費
〈時間の達人シリーズ〉 経験者完全合格コース（予定）	開講科目	簿記・財表・法人・相続・消費

直前対策

［2月発刊（予定） 直前対策パンフレット］

直前対策パック	開講科目	全11科目
模擬試験パック	開講科目	全11科目
全国統一公開模擬試験	開講科目	全11科目

時間の達人シリーズ ── 時間がない社会人にオススメ！──

学習項目はそのままで講義時間を60分に濃縮し、「講義3時間」から「講義1時間＋復習2時間」へ3時間の使い方が変わります！時間がない社会人の方や複数科目受験をされる方にオススメです。

教材フル装備！
情報量そのまま！
60分講義を実現!!

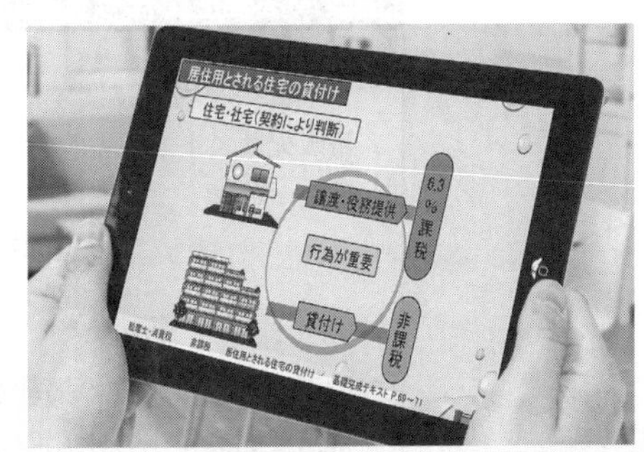

合格には講義＋自学自習が必須!!

合格する為には、講義後にテキストを一通り確認し、問題集を解答するという自学自習が必須となります。自学自習なくして合格なし！！時間の達人シリーズは自学自習の時間が最大限確保できるよう、講義時間を凝縮しておりますので今まで自学自習が十分にできなかった時間のない方にオススメです。

(注) 直前期以降の答練解説につきましては、最新の情報をお届けするため教室講義スタイルの映像となります。

教室講義スタイル	180分	
時間の達人シリーズ	60分	120分

自学自習の時間が確保しやすい!!

定期的に税理士試験の情報を得よう!!

フォロワー7,000名突破！

税理士合格を目指される方に、税理士試験の最新情報やキャンペーン、学習に役立つ情報などをお届けします！

フォローお願いします！

@o_hara_zeirisi

https://twitter.com/o_hara_zeirisi
資格の大原　税理士公式Twitter(X)

資格の大原 税理士講座についての詳細は大原HPで!!

検索エンジンで　大原 税理士　検索

正誤・法改正に伴う修正について

本書掲載内容に関する正誤・法改正に伴う修正については「資格の大原書籍販売サイト 大原ブックストア」の「正誤・改正情報」よりご確認ください。

https://www.o-harabook.jp/
資格の大原書籍販売サイト 大原ブックストア

正誤表・改正表の掲載がない場合は、書籍名、発行年月日、お名前、ご連絡先を明記の上、下記の方法にてお問い合わせください。

お問い合わせ方法

【郵 送】 〒101-0065 東京都千代田区西神田１-３-15 ３Ｆ
大原出版株式会社 書籍問い合わせ係
【E-mail】 shopmaster@o-harabook.jp

※お電話によるお問い合わせはお受けできません。
また、内容に関する解説指導・ご質問対応等は行っておりません。
予めご了承ください。

2025年 税理士受験対策シリーズ
財務諸表論 総合計算問題集 基礎編

■発行年月日――2003年10月１日 初版発行
2024年６月20日 第22版発行
■著 者――資格の大原 税理士講座
■発 行 所――大原出版株式会社
〒101－0065 東京都千代田区西神田１－２－10
TEL 03－3292－6654
■印刷・製本――株式会社メディオ

定価は表紙に表示してあります。 ISBN978-4-86783-117-5 C1034